西方生命美学经典名著导读丛书

潘知常
主编

强大的冲动和孱弱的精神

舍勒《人在宇宙中的地位》导读

柏定国 著

江苏凤凰文艺出版社

图书在版编目（CIP）数据

强大的冲动和孱弱的精神：舍勒《人在宇宙中的地位》导读 / 柏定国著. —南京：江苏凤凰文艺出版社，2023.5

（西方生命美学经典名著导读丛书）
ISBN 978-7-5594-7586-2

Ⅰ.①强… Ⅱ.①柏… Ⅲ.①舍累尔（Scheler, Max 1874—1928)-哲学人类学-研究 Ⅳ.①B089.3 ②B516.59

中国国家版本馆CIP数据核字（2023）第037902号

强大的冲动和孱弱的精神：舍勒《人在宇宙中的地位》导读

柏定国 著

出 版 人	张在健
责任编辑	孙金荣
责任印制	刘 巍
出版发行	江苏凤凰文艺出版社
	南京市中央路165号，邮编：210009
网　　址	http://www.jswenyi.com
印　　刷	苏州市越洋印刷有限公司
开　　本	787毫米×1092毫米　1/32
印　　张	7.5
字　　数	140千字
版　　次	2023年5月第1版
印　　次	2023年5月第1次印刷
书　　号	ISBN 978-7-5594-7586-2
定　　价	45.00元

江苏凤凰文艺版图书凡印刷、装订错误，可向出版社调换，联系电话 025-83280257

"生命为体,中西为用"

——"西方生命美学经典名著导读丛书"序言

潘知常

众所周知,中国当代的生命美学是改革开放四十年中较早破土而出的美学新探索。从1985年开始,迄今已经是第三十六年,已经问世三分之一世纪。

但是,中国当代的生命美学却并不是天外来客、横空出世。我多次说过,在这方面,中国20世纪初年从王国维起步的包括鲁迅、宗白华、方东美、朱光潜在内的生命美学探索堪称最早的开拓,源远流长的中国古代美学则当属源头。同时,它与西方19世纪上半期到20世纪上半期出现的生命美学思潮,更无疑心有灵犀。遗憾的是,这一切却很少有学人去认真考察。例如,李泽厚先生就是几十年一贯制地开口闭口都把生命美学的"生命"贬为"动物的生命"。而且,作为中国当代最为著名的美学大家,后期的他一直生活在美国,不屑于了解中国自古迄今的生命美学也就罢了,但是对于西方的生命美学也始终不屑去了解,实在令人惊叹。

当然,这也并非孤例,例如,德国学者费迪南·费尔曼就发现:"就是在今天,生命哲学对许多人来说仍然是十分可疑的现象:最常听到的批判是生命哲学破坏理性,是非理性主义和早期法西斯主义。"① 为此,他更不无痛心地警示:"如果到现在还有人这么想问题,应该说是故意抬高了精神的敌人。"②

一般而言,在西方,对于生命美学的提倡,最早的源头,也许可以追溯到奥古斯丁的《忏悔录》。而在18世纪下半叶,德国浪漫主义美学家奥古斯特·施莱格尔和弗里德里希·施莱格尔兄弟在《关于文学与艺术》和《关于诗的谈话》中则都已经用过"生命哲学"这个概念。而且,小施莱格尔在他的《关于生命哲学的三次讲演》中也提到了生命哲学。当然,按照西方美学史上的通用说法,在西方,到了19世纪上半期,生命美学才开始破土而出。不过,有人仅仅把西方的生命美学称为一个学派,其中包括狄尔泰、齐美尔、柏格森、奥伊肯、怀特海等人,或者,再加上叔本华和尼采。我的意见则完全不然。在我看来,与其把西方生命美学看作一个严格意义上的学派,不如把它看作一个宽泛意义上的思潮。这是因为,在形形色色的西方各家各派里,某些明确提

---

① [德] 费迪南·费尔曼:《生命哲学》,李健鸣译,华夏出版社2002年版,第2页。
② [德] 费迪南·费尔曼:《生命哲学》,李健鸣译,华夏出版社2002年版,第2页。

2

及生命美学的美学,其实也并不一定完全具备生命美学的根本特征,而有些并没有明确提及生命美学的美学,却恰恰完全具备了生命美学的根本特征。

这是因为,西方美学,到尼采为止,一共出现过三种美学追问方式:神性的、理性的和生命(感性)的。也就是说,西方曾经借助了三个角度追问审美与艺术的奥秘:以"神性"为视界、以"理性"为视界以及以"生命"为视界。正是从尼采开始,以"神性"为视界的美学终结了,以"理性"为视界的美学也终结了,而以"生命"为视界的美学则正式开始了。具体来说,在美学研究中,过去"至善目的"与神学目的都是理所当然的终点,道德神学与神学道德,以及理性主义的目的论与宗教神学的目的论则是其中的思想轨迹。美学家的工作,就是先以此为基础去解释生存的合理性,然后,再把审美与艺术作为这种解释的附庸,并且规范在神性世界、理性世界内,并赋予其不无屈辱的合法地位。理所当然的,是神学本质或者伦理本质牢牢地规范着审美与艺术的本质。显然,这都是一些神性思维或者"理性思维的英雄们",当然,也正如叔本华这个诚实的欧洲大男孩慨叹的:"最优秀的思想家在这块礁石上垮掉了。"[1]然而,尼采却完

---

[1] [德]叔本华:《自然界中的意志》,任立等译,商务印书馆1997年版,第146页。

全不同。正如巴雷特发现:"既然诸神已经死去,人就走向了成熟的第一步。""人必须活着而不需要任何宗教的或形而上学的安慰。假若人类的命运肯定要成为无神的,那么,他尼采一定会被选为预言家,成为有勇气的不可缺少的榜样。"① 尼采指出:审美和艺术的理由再也不能在审美和艺术之外去寻找。这也就是说,神性与理性,过去都曾经一度作为审美与艺术得以存在的理由,可是现在不同了,尼采毅然决然地回到了审美与艺术本身,从审美与艺术本身去解释审美与艺术的合理性,并且把审美与艺术本身作为生命本身,或者,把生命本身看作审美与艺术本身,结论是:真正的审美与艺术就是生命本身。人之为人,以审美与艺术作为生存方式。"生命即审美","审美即生命"。也因此,审美和艺术不需要外在的理由——我说得犀利一点,并且也不需要实践的理由。审美就是审美的理由,艺术就是艺术的理由,犹如生命就是生命的理由。

于是,西方美学家们终于发现:天地人生,审美为大。审美与艺术,就是生命的必然与必需。在审美与艺术中,人类享受了生命,也生成了生命。这样一来,审美活动与生命自身的自组织、自协同的深层关系就被第一次发现了。因

---

① [美]巴雷特:《非理性的人》,杨照明等译,商务印书馆1999年版,第183页。

此,理所当然的是,传统的从神性、理性去解释审美与艺术的角度,也就被置换为从生命的角度。在这里,对于审美与艺术之谜的解答同时就是对于人的生命之谜的解答的觉察,回到生命也就是回到审美与艺术。生命因此而重建,美学也因此而重建。生命,是美学研究的"阿基米德点",是美学研究的"哥德巴赫猜想",也是美学研究的"金手指"。从生命出发,就有美学;不从生命出发,就没有美学。它意味着生命之为生命,其实也就是自鼓励、自反馈、自组织、自协同而已,不存在神性的遥控,也不存在理性的制约。美学之为美学,则无非是从生命的自鼓励、自反馈、自组织、自协同入手,为审美与艺术提供答案,也为生命本身提供答案。也许,这就是齐美尔为什么要以"生命"作为核心观念,去概括19世纪末以来的思想演进的深意:"在古希腊古典主义者看来,核心观念就是存在的观念,中世纪基督教取而代之,直接把上帝的概念作为全部现实的源泉和目的,文艺复兴以来,这种地位逐渐为自然的概念所占据,17世纪围绕着自然建立起了自己的观念,这在当时实际上是唯一有效的观念。直到这个时代的末期,自我、灵魂的个性才作为一个新的核心观念而出现。不管19世纪的理性主义运动多么丰富多彩,也还是没有发展出一种综合的核心概念。只是到了这个世纪的末叶,一个新的概念才出现:生命的概念被提高到了中心地位,其中关于实在的观念已经同形而上学、心理学、伦理学和美学价值联系起来了。"①

波普尔说过:"我们之中的大多数人不了解在知识前沿发生了什么。"②同样,在我看来,"我们之中的大多数人"也不了解在当代美学研究"知识前沿发生了什么"。可是,倘若从生命美学思潮着眼,却不难发现,在"尼采以后",西方美学始终都在沿袭着"生命"这一主旋律。例如,柏格森、狄尔泰、怀特海等是把美学从生命拓展得更加"顶天",弗洛伊德、荣格等是把美学从生命拓展得更加"立地",海德格尔、萨特、舍勒等是把美学从生命拓展得更加"内向",马尔库塞、阿多诺等是把美学从生命拓展得更加"外向",后现代主义的美学则是把美学从生命拓展得更加"身体"。而且,其中还一以贯之了共同的东西,这就是:从生命存在本身出发而不是从理性或者神性出发去阐释生命存在的意义,并且以审美与艺术作为生命存在的最高境界;或者,把生命还原为审美与艺术,并且进而在此基础上追问生命存在的意义。而在他们之后,诸如贝尔的艺术论、新批评的文本理论、完形心理学美学、卡西尔和苏珊·朗格的符号美学……也都无法离开这一主旋律。而且,正是因为对于这一主旋律的发现才导致了对于审美活动的全新内涵的发现,尤其是对

---

① [德]西美尔(齐美尔):《现代文化的冲突》,引自刘小枫编:《现代性中的审美精神》,学林出版社1997年版,第418—419页。
② [英]波普尔:《客观知识》,舒炜光等译,上海译文出版社1987年版,第102页。

于审美活动的独立性内涵的发现。不可想象,倘若没有这一主旋律的发现,艺术的、形式的发现会从何而来。例如,从美术的角度考察的"有意味的形式",从文学的角度考察的新批评,从形式的表现属性的角度考察的格式塔,从广义的角度即抽象美感与抽象对象考察的符号学美学……

再回看中国。自古以来,儒家有"爱生",道家有"养生",墨家有"利生",佛家有"护生",这是为人们所熟知的。牟宗三在《中国哲学的特质》一书中也指出:"中国哲学以'生命'为中心。儒道两家是中国所固有的。后来加上佛教,亦还是如此。儒释道三教是讲中国哲学所必须首先注意与了解的。二千多年来的发展,中国文化生命的最高层心灵,都是集中在这里表现。对于这方面没有兴趣,便不必讲中国哲学。对于以'生命'为中心的学问没有相应的心灵,当然亦不会了解中国哲学。"也因此,一种有机论的而不是机械论的生命观、非决定论的而不是决定论的生命观,就成为中国人的必然选择。在其中,存在着的是以生命为美,是向美而生,也是因美而在。在中国是没有创世神话的,无非是宇宙天地与人的"块然自生"。一方面,是天地自然生天生地生物的一种自生成、自组织能力,所谓"万类霜天竞自由",另一方面,也是人类对于天地自然生天生地生物的一种自生成、自组织能力的自觉,也就是能够以"仁"为"天地万物之心"。而且,这自觉是在生生世世、永生永远以及有前生、今生、来生看到的万事万物的生生不已与逝逝不已所萌发的"继之者善也,成之者性也""参天地、赞化育"的生命责任,并且不辞以践行这一责任为"仁爱",为终生之旨归,为最高的善,为"天地大美"。这就是所谓"一阴一阳之谓道"。重要的不是"人化自然"的"我生",而是生态平衡的"共生",是"阴阳相生""天地与我并生,而万物与我为一",是敬畏自然、呵护自然,是守于自由而让他物自由。《论语》有言:"子罕言利,与命与仁。"在此,我们也可以变通一下:罕言利,与"生"与"仁"。在中国,宇宙天地与人融合统会为了一个巨大的生命有机体。而天人之所以可以合一,则是因为"生"与"仁"在背后遥相呼应。而且,"生"必然包含着"仁"。生即仁,仁即生。

由此不难想到,海德格尔晚年在回首自己的毕生工作时,曾经简明扼要地总结说:"主要就只是诠释西方哲学。"确实,这就是海德格尔。尽管他是从对西方哲学提出根本疑问来开始自己的独创性的工作的,然而,他的可贵却并不在于推翻了西方哲学,而是恰恰在于以之作为一种极为丰富的精神资源,从而重新阐释西方哲学、复活西方哲学,并且赋予西方哲学以新的生命。显然,中国美学,也同样期待着"诠释"。作为一个内蕴丰富的文本(不只是文献),事实上,中国美学也是一种极为丰富的精神资源,不但千百年来从未枯竭,而且越开掘就越丰富。因此,越是能够回到中国美学的历史源头,就越是能够进入人类的当代世界;越是能够深入中国美学之中,也就越是能够切近20世纪的美学心灵。这样,不难看到,重新阐释中国美学,复活中国美学,并且赋予中国美学以新的生命,或者说,"主要就只是诠释中国美学",无疑也应成为从20世纪初年出发的几代美学学者的根本追求,其重大意义与学术价值,显然无论怎样估价也不会过高。

然而,中国美学的现代诠释,也有其特定的阐释背景。经过百年来的艰难探索,美学学者应该说已经取得了一个共识,这就是:中国美学的历史实际上是一部与后人不断"对话"的历史,一部永无终结的被再"阐释"、再"释义"和再"赋义"的历史。而20世纪的一代又一代的美学学人的"不幸"与"大幸"却又都恰恰在于:西方生命美学思潮的作为诠释背景的出现。一方面,我们已经无法在无视西方生命美学思潮这一诠释背景的前提下与中国美学传统对话,这是我们的"不幸";然而另一方面,我们却又有可能在西方生命美学思潮的诠释背景下与中国美学进行新的对话,有可能通过西方生命美学思潮对中国美学进行再"阐释"、再"释义"和再"赋义"(当然也可以通过中国美学对西方生命美学思潮进行再"阐释"、再"释义"和再"赋义"),从而把中国美学在过去的阐释背景中所无法显现出来的那些新性质充分显现出来,最终围绕着把中国美学与西方美学都共同带入富有成果的相互启发之中这一神圣目标,使中国美学从蒙蔽走向澄明,走向意义彰显和自我启迪,并且使其自身不断向未来敞开,达到古今中外的"视界融合",从而把握今天的时代问题,解释人类的当代世界,这,又是我们的"大幸"!

由此出发,回顾20世纪,其中以西方生命美学思潮作为参照背景对中国美学予以现代诠释,应该说,就是一个最为值得关注而且颇值大力开拓的思路。何况,从王国维到鲁迅、宗白华、方东美,再到当代的众多学人,无疑也都走在这样一条思想的道路之上。他们都是从生命存在本身出发而不是从理性或者神性出发去阐释生命存在的意义,并且以审美与艺术作为生命存在的最高境界;或者,都是把生命还原为审美与艺术,并且进而在此基础上追问生命存在的意义。也因此,他们也都是不约而同地一方面立足于中国古代的生命美学,一方面从西方的生命美学思潮起步。至于朱光潜,在晚年时则曾经公开痛悔,因为他的起步本来就是从叔本华、尼采开始的,但是,后来却因为胆怯,于是才转向了克罗齐。由此,我甚至愿意设想,以朱先生的天赋与造诣,如果始终坚持一开始的选择,不是悄然退却,而是持续从叔本华、尼采奋力开拓,他的美学成就无疑应该会更大。

换言之,"后世相知或有缘"(陈寅恪),"生命为体,中西为用",在中国当代美学的历史抉择中,也就理所当然地成了一条首先亟待考虑的康庄大道。西方生命美学思潮,是西方美学传统的终点,又是西方现代美学的真正起点,既代表着对西方美学传统的彻底反叛,又代表着对中国美学传统的历史回应,这显然就为中西美学间的历史性的邂逅提供了一个契机。抓住这样一个契机——中国美学在新世纪获得新生的一个契机,无疑有助于我们真正理解西方美学传统,也无疑有助于我们真正理解中国美学传统,更无疑有助于我们真正地实现中西美学之间的对话,从而在对话中重建中国美学传统。同时,之所以提出这一课题,还无疑是有鉴于一种对于学术研究自身的深刻反省。学术研究之为学术研究,重要的不仅仅在于要有所为,而且更在于要有所不为。每个时代、每个人都面对着历史的机遇,但是同时也面对着历史的局限,因此,也就都只能执"一管以窥天"。这样,重要的就不是"包打天下",而是敏捷地寻找到自己所最为擅长的"一管",当然也是最为重要的"一管"。西方生命美学思潮的作为阐释背景的出现,应该说,就是这样的"一管"(尽管,这或许是前一百年无法去执而后一百年也许就不必再去执的"一管"),也是我们在跨入新世纪之后所亟待关注的"一管"。这就犹如中国人接受佛教思想的影响,犹如吃了一顿美餐,而且这顿美餐被中国人竟然吃了一千多年之久。其中,最为重要的成果则是佛教思想中的大乘中观学说在中国开出的华严、天台、禅宗等美丽的思想之花。因此,在比拟的意义上,我们甚至可以说,西方生命美学思潮就正是当代的大乘中观学说,也正是悟入中国思想与西方思想之津梁。

这样一来,对于西方生命美学思潮的深入了解,也就成了当务之急。而且,"生命为体,中西为用",进而言之,中国生命美学传统与西方生命美学思潮之间的对话,在我看来,起码就包括三个层面。首先是对于西方生命美学思潮与中国生命美学传统之间的内在的交会、融合、沟通加以历史的考察,亟待说明的是:在明显不同的社会历史、文化传统、思想历程中,西方生命美学思潮何以呈现出与中国生命美学传统的某种极为深刻的内在的交会、融合、沟通?其次是对于西方生命美学思潮与中国生命美学传统之间的内在的交会、融合、沟通加以比较的研究,从而把中国生命美学传统与西方生命美学思潮各自在过去的阐释背景中所无法显现出来的那些新性质充分显现出来,做到:借异质的反照以识其本相,并彰显其独特之处。最后是对于西方生命美学思潮与中国生命美学传统之间的内在的交会、融合、沟通加以理论的考察,并由此入手,去寻求中西美学会通的新的可能性和新的道路,从而深化对于中国美学和西方美学的理解,达到古今中外的"视界融合",以把握今天的时代问题,解释我们的世界,为解决当代美学所面临的共同问题作出独特贡献。

"西方生命美学经典名著导读丛书"的出版之初衷也正是如此!

中国生命美学传统与西方生命美学思潮之间的对话无疑是一个大工程,非一日之功,也不可能毕其功于一役。为此,作为基础性的工程,我们所选择的第一步,是出版"西方生命美学经典名著导读丛书"。这是因为,只有经典名著,才是美学研究中的"热核反应堆",也只有经典名著的学习,才是美学研究中的硬功夫。这就正如费尔巴哈所说:人就是他吃的东西。因此,每个人明天所成为的,其实也就是他今天所吃下的。也犹如布罗姆所说:莎士比亚与经典一起塑造了我们。借助经典名著,中国的美学与西方美学也在一起塑造着我们。它们凝聚而成了我们的美学家谱与心灵密码。在此意义上,任何一个美学学人都只有进入经典名著,才有机会真正生活在历史里,历史也才真正存在于我们的生活里,未来也才向我们走来。

我们的具体的做法,则是选取西方的二十位与西方的生命美学思潮直接相关的著名美学家的经典名著,再聘请国内的二十位对于相关的名家名著素有研究的美学专家,为每一部经典名著都精心撰写一部学术性的导读。我们期待这些美学专家的"导读",能够还原其中的所思所想、原汁原味,能够呈现其中的深度、厚度、广度和温度,并且希望能够跟读者一起去关注这些西方的生命美学经典名著怎样提出问题(美学的根本视界,所谓美学的根本规定)、怎样思考问题(美学的思维模式,所谓美学的心理规定)、怎样规定问题(美学的特定范式,所谓美学的逻辑规定)、怎样解决问题(美学的学科形态,所谓美学的构成规定),也希望能够跟读者一起去关注这些西方的生命美学经典名著是如何去表述自己的问题、如何去论证自己的思考,乃至其中的论证理由是否得当、论证结构是否合理,当然,也还希望跟读者一起去关注这些西方的生命美学经典名著中所蕴含的思想与创见,以及这些思想与创见的价值在当今安在。从而,推动着我们当代的生命美学研究能够真正将自己的思考汇入到人类智慧之流,并且能够做出自己的真正的独创。毕竟,就这些生命美学经典名著本身而言,它们都是所谓的问题之书,也是亘古以来的生命省察的继续。也许,在它们问世和思想的年代,属于它们的时代可能还没有到来。它们杀死了上帝,但却并非恶魔;它们阻击了理性,但也并非另类。它们都是偶像破坏者,但是破坏的目的却并不是希图让自己成为新的偶像。它们无非当时的最最真实的思想,也无非新时代的早产儿。它们给西方传统美学带来的,是前所未有的战栗。在它们看来,敌视生命的西方传统美学已经把生命的源头弄脏了,恢复美学曾经失去了的生命,正是它们的天命。也因此,我们或许可以恰如其分地称它们为:现代美学的真正的诞生地和秘密。在上帝与理性之后,再也没有了救世主,人类将如何自救?既然不再以上帝为本,也不再以理性为本,以人为本的美学也就势必登场。这意味着从"理性的批判"到"文化的批判",也从"纯粹理性批判"到"纯粹非理性批判",显然,这些生命美学经典名著提供的就是这样的一种全新的美学,它们推动着我们去重新构架我们的生命准则,也推动着我们去重新定义我们的审美与艺术。

需要说明的是,长期以来,我们的西方美学研究往往是教材式的、通论式的、概论式的,当然,这对于亟待了解西方美学发展进程的中国当代美学学人来说,也是必要的,但是,其中也难免存在着"几滴牛奶加一杯清水"或者三分材料加七分臆测的困境,更每每事先就潜存着"预设的结论",更不要说那种"狗熊掰棒子,掰一个丢一个"的研究路数或者那种为研究而研究、为课题而研究的研究路数了,那其实已经是学界之耻。至于其中的根本病症,则在于忘记了或者根本就不知道西方美学研究首先要去做的必须是"依语以明义",然后,才能够"依义不依语",也因此,长期以来,我们的西方美学研究往往进入不了美学基本理论研究的视野,也无法为美学基本理论研究提供应有的支持。因为我们的西方美学研究与我们的美学基本理论研究基本上就是完全不相关的两张皮,也是两股道上跑的车。这一点,在长期的美学基本理论研究工作中,我有着深刻的体会。值得期待的是,从西方生命美学思潮的经典名著本身的阅读、研读、精读开始,而不是从关于西方生命美学思潮的经典名著的种种通论、概论开始,从"依语以明义"开始,而不是从"依义不依语"开始,也许是一个令人欣慰的尝试。维特根斯坦曾经提示我们:"我发现,在探讨哲理时不断变换姿势很重要,这样可以避免一只脚因站立太久而僵硬。"在此,我们也可以把它作为在美学研究中"不断变换姿势很重要"的一次努力,也作为意在"避免一只脚因站立太久而僵硬"

的一次努力。

"生命为体,中西为用"！在未来的中国当代美学探索中,请允许我们谨以"西方生命美学经典名著导读丛书"的出版去致敬中国当代美学的未来！

是为序！

2021.6.14,端午节,南京卧龙湖,明庐

目 录

壹 马克斯·舍勒思想管窥 ········· 1
一、舍勒生平 ················· 2
二、玛丽亚与弗林斯的贡献以及舍勒思想的传播 ······ 5
三、舍勒思想的形成与发展 ········· 14
四、舍勒思想述要 ·············· 20
 (一) 舍勒思想的核心概念 ········ 23
  1. 价值 ················· 23
  2. 人格 ················· 26
  3. 伦常明察 ··············· 28
  4. 爱的秩序 ··············· 31
  5. 死亡 ················· 33
  6. 上帝 ················· 37
  7. 怨恨 ················· 39
  8. 宗教人 ················ 42
  9. 哲学人类学 ·············· 44
 (二) 舍勒与现象学 ············ 45
 (三) 舍勒关于人的研究 ········· 50

五、中国读者阅读舍勒必须跨越两大障碍 ……… 56

贰 原著导读 ……………………………………… 60

一、《人在宇宙中的地位》的主题思想 ……………… 62

二、"前言"和"导论" ………………………………… 68

　（一）《哲学人类学》写作构想 ……………………… 69

　（二）"人"的观念 …………………………………… 71

三、心—物存在的次序 ……………………………… 75

　（一）感觉欲求（植物） ……………………………… 76

　（二）本能（动物） …………………………………… 84

　（三）联想记忆 ……………………………………… 90

　（四）实践理智（高等动物） ………………………… 95

四、"人"与"动物"的本质区别 ……………………… 100

　（一）"精神"的本质——自由、对象化存在与自
　　　　我意识 ……………………………………… 102

　（二）各"精神"范畴的例证：物质；作为"虚空"
　　　　形式的空间和时间 ………………………… 109

五、正在观念化着的本质认识作为精神的基本行为
　……………………………………………………… 116

六、关于人的"消极的"和"古典的"理论 …………… 127

　（一）消极理论及批判 …………………………… 127

　（二）古典理论及批判 …………………………… 133

　（三）精神与力在自然、人类、历史和世界的终
　　　　极原因中的关系 …………………………… 139

七、身与心的同一：笛卡尔批判 …………………… 153
  (一)"自然主义"观点及其形式—机械论类型批判
    …………………………………………………… 167
  (二)"自然主义"观点的活力论的三种亚类型批判
    …………………………………………………… 169
  (三)路·克拉格斯的人类学理论批判 ………… 174
八、论人的形而上学："形而上学"与"宗教" …… 180
马克斯·舍勒简易年谱 ………………………………… 193
参考文献 ………………………………………………… 197
舍勒研究中文期刊论文(1990—2021) ……………… 200
后记 ……………………………………………………… 211

壹　马克斯·舍勒思想管窥

马克斯·舍勒(Max Scheler,1874—1928),德国哲学家、社会学家,价值伦理学、哲学人类学与知识社会学的奠基人,被视为现代德语学界的传奇人物、"当代哲学中最全面和最具理解力的大师"[1]。

舍勒的研究涉及伦理学、宗教哲学、现象学、社会学、政治思想、形而上学和哲学人类学等诸多领域。海德格尔视其为"全部现代哲学最重要的力量"。舍勒早年执教耶拿大学、慕尼黑大学,参与现象学运动。1919—1927年,任科隆大学哲学和社会学教授、社会学研究所所长。1928年,受聘法兰克福大学未及上任即猝然辞世。舍勒在世时出版了《同情的现象学和理论:兼及爱与恨》(1913年,1923年第二版时改名为《同情的本质与形式》)、《伦理学中的形式主义与质料的价值伦理学》(1913—1916)、《道德建构中的怨恨》(1913)、《死与永生》(1916)、《德意志仇恨之源》(1917)、《论

---

[1] 《舍勒思想评述》,[美]曼弗雷德·S.弗林斯(Manfred S. Frings)著,王芃译,华夏出版社2003年版,第11页。

人身上的永恒》(1921)、《知识与教养的形式》(1925)、《知识的形式与社会》(1925)、《人在宇宙中的地位》(1928)等著作。舍勒逝世后经人整理其遗稿,有《舍勒全集》十五卷传世,美国芝加哥大学设有舍勒研究所,德国成立了国际舍勒研究协会。

《人在宇宙中的地位》是舍勒生前所写的最后一部著作,也是他后期转向哲学人类学的研究之后所写的初步的总结性著作,首次出版于1928年。《人在宇宙中的地位》一反舍勒以往的现象学传统,以经验科学和形而上学相结合的方法,重新确认哲学研究的主题是完整的人。舍勒指出,完整的人是在生命精神化和精神生命化的过程中向世界无限伸展和开放的,推动历史发展并引导历史多样化存在的,趋向上帝而又与上帝合二为一的这样一种宇宙中的特殊存在。

一、舍勒生平

舍勒出生在德国南部名城慕尼黑,其父信奉新教,其母信奉犹太教,舍勒自己信奉天主教。在柏林大学、慕尼黑大学和耶拿大学修读哲学、心理学、社会学和医学时,舍勒先后师从狄尔泰[①]、奥伊肯[②]等思想家,并在奥伊肯的指导下,

---

[①] 威廉·狄尔泰(Wilhelm Dilthey,1833—1911):德国哲学家、历史学家、心理学家、社会学家。
[②] 鲁多夫·奥伊肯(Rudorf Eucken,1846—1926):德国哲学家,1908年获得诺贝尔文学奖。

于1899年以《论逻辑原则与伦理学原理之关系的确定》的论文获博士学位。1901年,舍勒在哈勒的一次康德研讨会上认识了胡塞尔,这次会面在很大程度上影响了舍勒一生的哲学追求,后来他成为现象学价值伦理学的创立者,被誉为现象学第二泰斗。1907年在慕尼黑大学任教,他成了胡塞尔主编的《哲学与现象学研究年鉴》的主要撰稿人。1910年辞去教职,生活在柏林和哥廷根,主要身份是私人学者、讲演者和自由撰稿人。1916年出版了其现象学的主要著作《伦理学中的形式主义和质料的价值伦理学》。第一次大战期间,他写了《战争的守护神和德国的战争》,为德国卷入战争作狂热的民族主义的辩护。1917—1918年间曾参加德国外交使团,出使日内瓦和海牙。1919年后,他被聘为科隆大学哲学和社会学教授,并兼任科隆大学社会科学研究所所长。舍勒一生中曾三次结婚,两次离婚。1920年,舍勒加入罗马天主教会,但两年后又宣布退出,并开始批判宗教哲学。1928年,舍勒受聘为法兰克福大学哲学讲座教授,未及上任,于同年5月19日因心脏病突发病逝于法兰克福,享年五十四岁。

舍勒一生很少像一位书斋学者那样循守常规,只要环境许可就尽可能远离当时所争论的问题。他的思想博杂多方,被誉为"德国哲学界继谢林之后的又一位神童",不停地在各种学术中"漫游",尤其在他生命的最后时期,舍勒致力于他所处时代的政治问题研究,显示出了一种罕见的预言天才。

舍勒是以一种生活于时代之中,并为了时代而生活的强烈意识从事哲学研究的。而这个时代就是他早在第一次世界大战之前就预见到的危机和转变的时代。正是这种为时代而生活的强烈意识,促使他把伦理学和哲学人类学当作他一直关心的中心问题,并进而推动和贯穿了他整个哲学思想的发展。

舍勒的基督教思想是"超教派"和"非教会性"的,他走出了一条超越教派立场的神学言路,直接把握、描述、阐释基督教信仰中的"福音原则"(即个体性的位格爱),在神学诸论域重新确立爱之优先地位,进而重建自然神学,并将基督思想的本质质素注入哲学、伦理学、社会学之中,以提振基督教思想在现代思想语境中的活力,对基督教思想产生了持续深远的影响。

舍勒的死几乎被当时所有欧洲哲学家看作是不可挽回的损失。加塞特[1]认为,舍勒是生活在欧洲的最伟大的思想家。海德格尔[2]认为,舍勒是一个最有影响力的思想家,所有其他人包括他自己都受其智慧的启迪。蒂利希[3]称舍勒

---

[1] 何塞·奥尔特加·伊·加塞特(Jose Ortega y Gasset,1883—1955):西班牙思想家。
[2] 马丁·海德格尔(Martin Heidegger,1889—1976):德国思想家。
[3] 保罗·约翰尼斯·蒂利希(Paul Tillich,1886—1965):美国神学家、基督教存在主义者。

思想"赋有伟大的直觉力"。巴尔塔萨①视舍勒思想为"世界观的聚宝盆"。

舍勒的思想在20世纪20年代末的欧洲受到赞赏,由于英年早逝,他的名声很快进入了一段消褪期。1933年,舍勒的哲学著作遭到德国纳粹的查禁。二战结束以后,随着存在主义、科学哲学、马克思主义、分析哲学、胡塞尔现象学、结构主义和解构等哲学思潮的流行与发展,舍勒思想进入复苏期。此后,舍勒在德国、在欧洲,以及在美国、韩国、日本、中国等国越来越受欢迎。

二、玛丽亚与弗林斯的贡献以及舍勒思想的传播

1928年,舍勒因心脏病突发而猝死在讲台上,他一直思考着的哲学人类学与形而上学方面的著作均未完成。此后,在海德格尔的主持下,舍勒的遗孀玛丽亚②自20世纪30年代开始,根据舍勒留下的大量手稿和讲课稿(生前未竟之作约占三分之一),编辑、誊写和整理遗稿,一直到1969年去世,几乎终身以编辑《舍勒全集》为业,校勘、索引和注释颇为周详,使舍勒留下的杂乱手稿得以问世。玛丽

---

① 汉斯·乌尔斯·冯·巴尔塔萨(Hans Urs von Balthasar,1905—1988):天主教神学大师。
② 玛丽亚·舍勒(Maria Scheler,1892—1969):舍勒第三任妻子,自20世纪30年代开始编辑、誊写并整理舍勒遗稿,并自1954年开始编辑出版《舍勒全集》(*Gesammelten Werke von Max Scheler*)。

亚去世时,德文版的《舍勒全集》出版了六卷。之后全集由著名的舍勒研究专家弗林斯[①]接手编辑,其他各卷在美国出版。1997年《舍勒全集》十五卷全部出齐。

弗林斯于1925年出生于德国科隆。二战后,在科隆大学学习哲学、英语和法语。1953年获得博士学位。1958年移民美国,其后在多所大学任教。从1966年到1992年荣休,他一直在芝加哥德保罗大学(De Paul University)任教,直到2008年病逝。弗林斯自1970年起成为《舍勒全集》的主编,在其努力下,《舍勒全集》十五卷于1997年全部出齐。1993年,弗林斯参与创办"国际舍勒协会",并一直任主席和荣誉主席(1999后任荣誉主席)。他还创办了"北美舍勒协会"。弗林斯除了编辑出版《舍勒全集》以外,还将舍勒多部重要著作译为英语,大大促进了舍勒思想的传播。在舍勒思想研究方面,他出版了《舍勒的心灵》等五部专著以及百余篇文章,大量作品被译成中文、法文、日文和德文等,是世界舍勒思想研究的著名专家,被誉为"世界舍勒研究之父"。

《舍勒全集》(GW)由Francke出版社(伯尔尼/慕尼黑)和Bouvier出版社(波恩,自1986年开始)先后出版,其卷册目录如下:

[①] 曼弗雷德·S.弗林斯(Manfred S.Frings,1925—2008):世界舍勒研究之父。

第一卷:《早期著作集》[*Frühe Schriften*(1971)]。包括《论逻辑原则与伦理学原理之关系的确定》《劳动与伦理》《先验的方法与心理的方法》等。

第二卷:《伦理学中的形式主义与质料的价值伦理学》[*Der Formalismus in der Ethik und die materiale Wertethik. Neuer Versuch der Grundlegung eines Ethischen Personalismus*(1954,6. Aufl. 1980)]。

第三卷:《价值的颠覆》[*Vom Umsturz der Werte*(1955,5. Aufl. 1972)]。包括《德行的复苏》《道德建构中的怨恨》《论悲剧性现象》《论人的理念》《女性运动的意义》《自身认识的偶像》《所谓养老金歇斯底里的心理学和针对弊端的合法斗争》《生命哲学诸论》《资产者—资产者与宗教力量—资本主义的未来》等。

第四卷:《政治学—教育学文集》[*Politisch-pädagogische Schriften*(1982)]。包括《战争天才与德意志战争》《欧洲和战争》《战争的后果》《德意志仇恨之源》《战后社会学的新取向与德国天主教的任务》《在德国大学的矛盾之中》《基于新秩序之基上的政治与文化》《德国的使命与天主教思想》,以及附录《作为反资本主义的基督教社会主义》《基督教民主主义》等。

第五卷:《论人之中的永恒》[*Vom Ewigen im Menschen*(1954,5. Auf. 1968)]。包括《懊悔与重生》《论哲学

的本质及哲学认识的道德条件》《宗教问题》《基督教的爱理念与当今世界》《欧洲文化的重建》等。

第六卷:《社会学与世界观文集》[*Schriften zur Soziologie und Weltanschauungslehre*(1963,3. Aufl. 1986)]。包括《道德》《民族与世界观》《基督教与社会》等。

第七卷:《同情的本质与形式/当代德国哲学》[*Wesen und Formen der Sympathie. Die deutsche Philosophie der Gegenwart*(1973)]。

第八卷:《知识的形式与社会》[*Die Wissensformen und die Gesellschaft*(1960,3. Aufl. 1980)]。包括《知识社会学问题》《认识与劳动》《大学与业余大学》等。

第九卷:《晚期著作集》[*Späete Schriften*(1976)]。包括《人在宇宙中的地位》《哲学的世界观》《知识形式与教育》《人与历史》《谐调时代中的人》《斯宾诺莎》《理念论——实在论》等。

第十卷:《遗著Ⅰ:伦理学与认识论》[*Schriften aus dem Nachlaß. Vol.* Ⅰ: *Zur Ethik und Erkenntnislehre*(1957,3. Aufl. 1986)]。包括《死与永生》《论害羞与羞感》《论自由的现象学与形而上学》《绝对域与上帝理念的实在设定》《楷模与领袖》《爱的秩序》《现象学与认识论》《三种事实的学说》等。

第十一卷:《遗著Ⅱ:认识论与形而上学》[*Schriften*

aus dem Nachlaß. Vol. Ⅱ: *Erkenntnislehre und Metaphysik*(1979)]。

第十二卷:《遗著Ⅲ:哲学人类学》[*Schriften aus dem Nachlaß. Vol.* Ⅲ: *Philosophische Anthropologie* (1987)]。

第十三卷:《遗著Ⅳ:哲学与历史》[*Schriften aus dem Nachlaß. Vol.* Ⅳ: *Philosophie und Geschichte*: *Politik und Moral*(1990)]。包括《政治与道德》《永恒和平的理念》《历史学的基础》等。

第十四卷:《遗著Ⅴ:杂编Ⅰ》[*Schriften aus dem Nachlaß. Vol.* Ⅴ: *Varia* Ⅰ (1993)]。包括《逻辑学》《生物学讲座》《社会哲学讲座》等。

第十五卷:《遗著Ⅵ:杂编Ⅱ》[*Schriften aus dem Nachlaß. Vol.* Ⅵ: *Varia* Ⅱ(1997)]。包括《群体心理学讲座》《十九世纪哲学讲座以及后续手稿》等。

随着《舍勒全集》的陆续出版,他的许多重要著作被相继翻译成多国文字出版,其思想日益受到学界的广泛关注。中国学界对舍勒著作的关注和传播始于20世纪40年代,黄建中、吴大基、张君劢、钱锺书对舍勒思想及论述均有所涉及。从1989年开始,舍勒的著作被翻译成中文,《人在宇宙中的地位》甚至一年间出版了三个汉译本。舍勒著作汉译在20世纪90年代形成了一个高潮。进入21世纪以后,学术研究明显世俗化,哲学类著作出版整体下滑。至2003

年,海峡两岸暨香港出版的舍勒著作汉译本一共有 11 种:《人在宇宙中的地位》①、《谢勒论文集:位格与自我的价值》②、《情感现象学》③、《爱的秩序》④、《资本主义的未来》⑤、《价值的颠覆》⑥、《死、永生、上帝》⑦、《基督教与共同体》⑧、《舍勒选集》(两卷)⑨、《知识社会学问题》⑩和《哲学与世界观》⑪。此后,有 2004 年倪梁康翻译出版的《伦理学中的形

---

① 《人在宇宙中的地位》,李伯杰译,刘小枫校,贵州人民出版社 1989 年,2015 年再版;陈泽环、沈国庆译,米尚志校,上海文化出版社 1989 年版。还有《哲学人类学视野中的"人"——舍勒〈人在宇宙中的地位〉精粹》,王维达译,湖北人民出版社 1989 年版。
② 《谢勒论文集:位格与自我的价值》,陈仁华译,台北远流 1991 年版。
③ 《情感现象学》,即《交互情感的本质与形式》,陈仁华译,台北远流 1991 年版。
④ 《爱的秩序》,林克等译,刘小枫编校,香港三联书店 1993 年版,北京三联书店 1995 年版。
⑤ 《资本主义的未来》,罗悌伦等译,刘小枫编校,香港牛津大学出版社 1996 年版,北京三联书店 1997 年版。
⑥ 《价值的颠覆》,罗悌伦、林克、曹卫东译,刘小枫编校,香港牛津大学出版社 1996 年版,北京三联书店 1997 年版。
⑦ 《死、永生、上帝》,孙周兴译,张志扬校,香港汉语基督教文化研究所 1996 年版,中国人民大学出版社 2003 年版。
⑧ 《基督教与共同体》,曹卫东译,香港卓越 1997 年版。
⑨ 《舍勒选集》(两卷本),刘小枫选编,倪梁康等译,上海三联书店 1999 年版。
⑩ 《知识社会学问题》,艾彦译,华夏出版社 2000 年版,译林出版社 2012 年版。
⑪ 《哲学与世界观》,曹卫东译,上海人民出版社 2003 年版。

式主义与质料的价值伦理学》①,2014年刘小枫主编的七卷本《舍勒作品系列》②出版。

与德文版《舍勒全集》(GW)相比,以及英文、意大利文、法文、日文等的舍勒著作翻译相比,中文本的翻译和出版显得滞后了。当前,由中山大学主持编辑、翻译和出版中文版的《舍勒全集》的计划,获得中国国家社会科学基金重大项目支持。该项目计划在德文十五卷《舍勒全集》(GW)的基础上,结合国际学界最新的研究成果,部分吸纳更为可靠和信实的底本,编辑并汉译十六卷本的《舍勒全集》③。这一全集翻译计划,是国际上第一套《舍勒全集》的翻译,在篇

---

① 《伦理学中的形式主义与质料的价值伦理学》,倪梁康译,三联书店2004年版,商务印书馆2011年版。
② 《舍勒作品系列》(七卷本),包括《哲学与现象学》《同情感与他者》《道德意识中的怨恨与羞感》《爱的秩序》《世界观与政治领袖》《资本主义的未来》《哲学人类学》共七本,刘小枫主编,倪梁康、罗悌伦、朱雁冰、林克、孙周兴、曹卫东、李伯杰、魏育青译,北京师范大学出版社2014年版。
③ 中山大学主持编辑、翻译和出版中文版的《舍勒全集》包括:第一卷《早期著作》,第二卷《伦理学中的形式主义与质料的价值伦理学》,第三卷《价值的颠覆》,第四卷《政治学—教育学文集》,第五卷《论人之中的永恒》,第六卷《社会学与世界观学说文集》,第七卷《同情的本质与形式/当代德国哲学》,第八卷《知识的形式与社会》,第九卷《晚期著作》,第十卷《遗著Ⅰ 伦理学与认识论》,第十一卷《遗著Ⅱ 认识论与形而上学》,第十二卷《遗著Ⅲ 哲学人类学》,第十三卷《遗著Ⅳ 哲学与历史》,第十四卷《遗著Ⅴ 杂编Ⅰ》,第十五卷《遗著Ⅵ 杂编Ⅱ》,第十六卷《遗稿增补与通信》。

幅和规模上都将是最大最全的。

台湾学者江日新于 1990 年出版第一部汉语舍勒研究著作《马克斯·谢勒》，此后汉语学界先后出版过有关舍勒研究的专著近 30 部，舍勒研究工具书倪梁康的《胡塞尔现象学概念通释》(增补版)[①]，中国主要高校以舍勒为主题撰写并答辩通过的博士论文和硕士论文总计 50 余篇。经查询某论文平台，1990 年到 2021 年以来有舍勒研究的期刊论文 151 篇（仅统计标题中包含"舍勒"的期刊论文），涉及作者 126 位。2017 年 11 月，中山大学哲学系、中山大学现象学文献与研究中心承办"第十四届国际舍勒思想研讨会"，提出"回到均衡时代"的主题，并倡导"把现象学精神和方法与东方心学哲学传统相结合的共同研究方向"，从而试图开创一个崭新的现象学流派——心性现象学，使之成为代表现象学未来的一个重要的发展方向[②]。就成就和影响而言，中山大学已是当今世界舍勒研究重镇。

国内关于舍勒的研究大致有几个方面。一是对舍勒学说的简述。如欧阳光伟的《舍勒》[③]侧重对舍勒的哲学人类

---

① 《胡塞尔现象学概念通释》(增补版)，倪梁康著，商务印书馆 2016 年版。
② 《情感的语法：舍勒思想引论》，张任之著，中国社会科学出版社 2019 年版，第 242—247 页。
③ 《舍勒》，欧阳光伟著，载袁澍涓编《现代西方著名哲学家评传》上卷，四川人民出版社 1988 年版。

学思想作评述,十卷本《当代西方著名哲学家评传》的第四卷《道德哲学》①刊载陈泽环评述舍勒伦理学思想和第九卷《人文哲学》②刊载刘小枫评述舍勒现代性神学思想的文章。二是舍勒比较研究。如倪梁康《现象学及其效应》③比较舍勒与胡塞尔在现象学观念、现象学还原、本质直观方法,以及现象学论域的联系与差异;倪梁康《现象学反思的两难》④比较胡塞尔、舍勒、海德格尔在反思问题上的不同态度及其内在根源。三是舍勒某一方面思想研究。如刘小枫《人是祈祷的X》⑤论述舍勒的宗教神学和哲学人类学思想,刘小枫《现代性社会理论绪论》⑥对舍勒的现代性理论和怨恨理论的研究。四是一些国外学者的舍勒研究成果译介。

本文的写作,是在对中文版的舍勒著作译本和舍勒研究论著的阅读和理解的基础上进行的。未能直接阅读德文的舍勒著作及研究文本,无疑是一大缺憾,诚望读者周知并

---

① 《当代西方著名哲学家评传》第四卷《道德哲学》,石毓彬等编,山东人民出版社1996年版。
② 《当代西方著名哲学家评传》第九卷《人文哲学》,王炜、周国平编,山东人民出版社1996年版。
③ 《现象学及其效应》,倪梁康著,三联书店1994年版。
④ 《现象学反思的两难》,倪梁康著,载《中国现象哲学评论》第二辑,上海译文出版社1998年版。
⑤ 《人是祈祷的X》。见《走向十字架上的真》,刘小枫著,上海三联书店1995年版。
⑥ 《现代性社会理论绪论》,刘小枫著,上海三联书店1998年版。

体察。

三、舍勒思想的形成与发展

舍勒被视为现代德语学界的传奇人物。舍勒身逢社会理论和现象学哲学这两大20世纪主流学术思潮初兴之时,以其卓越的思想才华将现象学哲学和社会理论的思想方式广泛应用到传统的哲学、伦理学、神学领域以及新兴的政治学、心理学、教育学领域,甚至出人意料地将现象学哲学的"直观"与社会理论的"视域"结合起来,并迭拓新题,建树广却不流于浅泛。社会理论的创始人韦伯[①]称舍勒为"现象学家、直觉论者、浪漫的浪漫论者",言下之意,舍勒的社会理论并不纯粹。社会理论的另一位创始人特洛尔奇[②]则认为,舍勒哲学尽管深刻之见与浅泛之见混杂,但"总体看极有意义"。同样,在某些现象学家看来,舍勒的现象学并不纯粹,偏离了胡塞尔的"教旨"。然而,在海德格尔看来,舍勒的"偏离"却使其哲学具有超强的力度。伽达默尔[③]甚至感叹舍勒有如一个"精神的挥霍者",浑身都是学术才华。事实上,正是凭靠将现象学哲学和社会理论的思想方式应用到

---

① 马克斯·韦伯(Max Weber,1864—1920):德国社会学家、哲学家。
② 恩斯特·特洛尔奇(Ernst Peter Wilhelm Troeltsch,1865—1923):德国自由主义神学的重要代表人物。
③ 伽达默尔(Hans-Georg Gadamer,1900—2002):德国哲学家、美学家,解释学和解释学美学创始人。

传统学术论域,舍勒学术才产生了广泛的辐射力。

舍勒的学术思想历程被史家分为三个阶段。

前期(1899—1911),即"哲学:作为对意识的价值批判"时期。从博士论文开始,舍勒就一直深受新康德主义和生命哲学的影响,关注的是伦理、逻辑与心理的关系。当舍勒接触到胡塞尔的现象学和韦伯、桑巴特①、特洛尔奇的社会理论之后,便果断抛弃新康德主义,彻底否定自己已有的研究思路。

在奥伊肯的指导下,舍勒于1897年、1899年先后在耶拿大学分别以《论逻辑原则与伦理学原理之关系的确定》②、《先验的方法与心理的方法》③两篇论文获得博士学位和任教资格。其间他因为对社会问题的兴趣于1898年前往马克斯·韦伯执教的海德堡大学④游学一年,并在韦伯的影响

---

① 桑巴特(Werner Sombart,1863—1941):德国经济学家、社会学家。
② *Beiträge zur Feststellung der Beziehungen zwischen den logischen und ethischen Prinzipien*,收入全集第一卷。
③ *Die transzendentale und die psychologische Methode*,收入全集第一卷。
④ 鲁普莱希特-卡尔斯-海德堡大学,简称"海德堡大学",始建于1386年,坐落于巴登-符腾堡州大学城海德堡,是德国境内最古老的大学。海德堡大学向来为德国浪漫主义与人文主义之象征,大学城海德堡也是一座以古堡、内卡河闻名的文化名城。黑格尔、费尔巴哈、马克斯·韦伯等均曾在海德堡大学求学或任教。海德堡内卡河北岸圣山南坡的半山腰上有一条长约两公里的"哲学家小道",据说黑格尔等哲学家经常与朋友、同事在此散步,一起讨论学术问题。

下,写作了《劳动与伦理》①一文。1900年,26岁的舍勒在耶拿大学开始了他的教学生涯,期间,新康德主义和尼采、狄尔泰、西美尔、奥伊肯等人的生命哲学②对舍勒思想的发生产生了重大影响。1902年在一次哲学研讨会上,舍勒结识了胡塞尔,他声称"从这一时刻起,一种精神的联系便得以形成"。1906年12月,舍勒离开耶拿,经胡塞尔介绍,前往慕尼黑大学任私人讲师,并担任特奥多尔·利普斯③的助手。随后参加了现象学"慕尼黑小组",舍勒的思想日臻成熟。1910年他因婚姻问题丢掉了教职。1910—1911年,舍勒以私人身份前往哥廷根大学演讲,在那里他认识了许多

---

① *Arbeit und Ethik*,收入全集第一卷。
② 生命哲学是对19世纪中期的黑格尔主义和自然主义的一种反抗。生命哲学家不满意黑格尔主义所主张的严酷理性,不满意自然主义所依据的因果决定论,认为这些思想是对个性、人格和自由的否定。狄尔泰是生命哲学的主要代表,他认为,哲学研究不应把物质与精神割裂开来,而应当直接考查和分析把这两者紧密联系起来的生命,达到主客的绝对同一。生命本身就是我们的思想和评价的源泉,只有生命才是哲学研究的对象,所以"从生命本身去认识生命"理应是哲学的主旨。一切社会生活现象其实都是"生命"的客观化,人类社会正是依靠"生命之流"才连成一个有机的整体,而这个生命之流的核心是人类因聚集而形成的社会及其历史,所以,社会性和历史性是生命哲学的主要研究对象。
③ 特奥多尔·利普斯(Theodor Lipps, 1851—1914):德国心理学家、美学家,德国"移情派"美学主要代表。慕尼黑大学教授,曾任该大学心理系主任二十年。

现象学"哥廷根小组"的早期成员。1911年,舍勒发表了他首篇以现象学为基础的文章《论自身欺罔》①。

中期(1911—1919),即"现象学的哲学"时期。与现象学"慕尼黑小组""哥廷根小组"的广泛接触,使舍勒思想迅速成熟。借助胡塞尔的现象学直观,舍勒在哲学、伦理学、社会学、神学乃至政治学诸论域纵横捭阖,论著迭出,被称为"现象学的施魔者"。

舍勒在1912年开启第二次婚姻。1910—1918年间,舍勒作为一个私人学者、讲演者和自由撰稿人活跃在德国的思想舞台,这是他一生最困顿潦倒却最为多产的时期。1913年他成为胡塞尔主编的《哲学与现象学研究年鉴》的编委,在《年鉴》第一、二卷上发表了他的代表著作《伦理学中的形式主义与质料的价值伦理学》②,还出版了"情感生活现象学"方向上的名作《论现象学与同情感理论以及论爱与恨》③,一时间声名鹊起,跻身德国一流思想家之列。1914年第一次世界大战爆发后,舍勒发表了大量为战争辩护的

---

① *Über Selbsttäuschung*,后改名为 *Die Idole der Selbsterkenntnis* 即《自身认识的偶像》,收入全集第三卷。
② *Der Formalismus in der Ethik und die materiale Wertethik*. 1913/1916,收入全集第二卷。
③ *Zur Phänomenologie und Theorie der Sympathiegefühle und von Liebe und Haß*,1923年第二版时大幅扩充并更名为《同情的本质与形式》,收入全集第七卷。

作品,如《战争天才与德意志战争》《战争的后果》《德意志仇恨之源》[1]等,他把这些著作视为他在《伦理学中的形式主义与质料的价值伦理学》中"所阐释的一般伦理学原理在一系列个别问题和时代问题上的具体运用"。1918年战争结束后,舍勒被聘为科隆社会科学研究所所长,随后又被聘为科隆大学哲学和社会学教授。

后期(1919—1928),即"哲学:作为现象学与形而上学的统一"时期。舍勒致力于开拓自己的学术创构——在哲学领域提出了"哲学人类学"构想,力图整合心理学、生理学等新兴实验学科的知识成果;在社会理论领域开辟了"知识社会学"方向,力图化解历史主义的巨大挑战。

1919年舍勒遇到了玛丽亚,并迅速地相爱了。1924年舍勒与玛丽亚结婚,开启了他的第三次婚姻。天主教会认为他触犯了教会的婚姻法,是一位不称职的伦理学教授,舍勒因而与教会日渐疏远并最终脱离教会。舍勒思想进入剧烈震荡期。1921年他出版了其宗教哲学方面的主要著作《论人之中的永恒》[2],但很快他的立场发生了根本性的转变。他说:"我正花费大量精力在我的形而上学上,并已取得根本性进展,据此,我的宗教生活将慢慢改变,这带给我深深的满足。"在这种新的立场下,舍勒开始了在新领域的

---

[1] 均收入全集第四卷。
[2] *Vom Ewigen im Menschen*,收入全集第五卷。

拓荒。1924年发表的《知识社会学问题》[①]和1926年出版的《知识的形式与社会》[②]阐明了他的知识社会学主张。1927年4月关于"人的独特地位"的讲演[③]奠定了其现代哲学人类学的基础。1927年发表的《理念论——实在论》[④]展示了他有关认识论和形而上学研究方面的努力。1928年,舍勒受聘为法兰克福大学哲学讲座教授,但因心脏病突发于当年5月19日逝世。计划中的哲学人类学和形而上学方面的著作均未及完成。

舍勒堪称现代思想"集大成"者,他的思想汇聚了费希特[⑤]、奥伊肯和俄国思想家索洛维约夫[⑥]的唯心论道德哲学,洪堡[⑦]的文化—政治哲学,尼采、柏格森、狄尔泰的生命哲学,胡塞尔的现象学,韦伯、桑巴特、特洛尔奇的历史—社

[①] *Probleme einer Soziologie des Wissens*,收入全集第八卷。
[②] *Die Wissensformen und die Gesellschaft*,收入全集第八卷。
[③] 讲稿修改后以《人在宇宙中的地位》(*Die Stellung des Menschen im Kosmos*)为题于1928年出版,收入全集第九卷。
[④] *Idealismus-Realismus*,收入全集第九卷。
[⑤] 约翰·戈特利布·费希特(Johann Gottlieb Fichte,1762—1814):德国作家、哲学家。
[⑥] 弗拉基米尔·谢尔盖耶维奇·索洛维约夫(Vladimir Solovyov,1853—1900):俄国宗教哲学家、诗人、政论作家。
[⑦] 亚历山大·洪堡(Alexander Humboldt,1769—1859):德国博物学家、自然地理学家。

会理论。舍勒思想的立足点,则是经帕斯卡尔[①]上溯到奥古斯丁[②]的基督教心学传统。舍勒试图据此整合现代西方思想的各条路径,不幸盛年早逝,宏愿未竟。尽管如此,德语学界认定,舍勒思想的力度堪与帕斯卡尔、克尔恺郭尔、尼采一类思想大家相提并论。

四、舍勒思想述要

舍勒涉猎广泛,其思想成果不仅驳杂,也充满矛盾。在海德格尔看来,舍勒对哲学的贡献是开创性的。舍勒不仅振作了第一次世界大战后颓败的德意志精神,也极大地拓展了人类的思想深度和广度。

弗林斯写过两本全面介绍舍勒思想的书:《舍勒的心灵》[③]和《舍勒思想评述》[④]。《舍勒的心灵》对舍勒的思想分为九个方面予以介绍:价值伦理学与位格;现象学的主体间性;与他人共在的四种社群形式;宗教经验的现象学;怨恨;

---

① 布莱士·帕斯卡尔(Blaise Pascal,1623—1662):法国数学家、物理学家、哲学家、散文家。
② 奥古斯丁(Augustine of Hippo,Saint Augustine,354—430):基督教早期神学家、新柏拉图主义哲学家。
③ 《舍勒的心灵》,[美]曼弗雷德·S.弗林斯著,张志平、张任之译,上海三联书店2006年版。
④ 《舍勒思想评述》,[美]曼弗雷德·S.弗林斯著,王芃译,华夏出版社2003年版。"西方思想家经典与解释丛书"之一,丛书主编刘小枫。

资本主义与伦理扭曲的社会道德品味;潜意识的现象学;知识的诸形式与社会;上帝、世界与人类的生成。《舍勒思想评述》对舍勒的思想也是分为九个方面予以介绍,只是归纳和编排有所不同:关于身—心世界;情感层面;爱的秩序;怨恨;实质的价值伦理学;作为位格的人;人与上帝;知识与实在;谐调的时代。这两本书能帮助后学快速走进"舍勒的心灵"和思想体系。还有阿弗德·休慈的《马克斯·舍勒三论》、亨克曼的《舍勒》、凯利的《结构与多样性》、江日新的《马克斯·谢勒》、张任之的《情感的语法:舍勒思想引论》、任泽的《舍勒人学视野下的主体间性》、李革新的《走向精神与生命的融合:舍勒的人格现象学研究》、张伟/张任之的《心性与认知——从现象学到儒家》、倪梁康的《胡塞尔与舍勒——人格现象学的两种可能性》等有关舍勒思想的通论性著作。

弗林斯说:"正是在本世纪初的三十年间,当代欧洲哲学的基础就已经为三位德国思想家所奠定——胡塞尔(现象学)、舍勒(人的哲学)和海德格尔(此在本体论),他们的影响实质性地体现在以后全部的哲学发展之中。无可置疑的是,马克斯·舍勒是当代哲学中最全面和最具理解力的大师。他研究的论题所涉及的领域是如此宽广,包括伦理学、宗教哲学、生物学基础、心理学、形而上学、认知理论、佛学、教与学、文化、历史哲学、形而上社会学、宗教、科学、实用主义哲学、资本主义、苦难意识等等。这里所提及的仅仅是一部分而已。此外,舍勒总是对一些特殊论题很感兴趣,比如爱、死亡、敬畏、害羞、妇女解放、大民族的民族理念、西方和东方的基督教、欧洲的文化重建、民族心理学、忏悔、谦恭,以及其他许多问题。"[1]舍勒的广博学识和多维思想引出了一个问题,就是我们能否从他所从事的广博领域中找出一条至关重要的主线索,或者他的思想是否能够表现为一个整体。追寻舍勒思想连贯性的努力从未被放弃。贯穿舍勒思想体系的线索有两条:一是他对人的理解,二是他的现象学立场。舍勒在不同时期对哲学本质和任务的理解不同,要更多地理解舍勒就得同时重视"哲学学科的确定系统"和"时间上的发展"两种观察视角,并确保其在一个动态的"开放的系统"中任意相互关联[2]。

弗林斯认为,舍勒的全部思想关注着一个论题——人。1928年4月,在他突然逝世前几周里,舍勒写道:"问题是:人是什么?人在存在中的位置是什么?自从我有了明确的哲学意识以来,还有什么哲学问题比这更占据我的身心呢?"舍勒对自己的学术写作计划提及次数最多的是三部著作:《哲学人类学》《形而上学》和《认知理论》(认识论)。一种设想是,如果不是遽然辞世而终止完成这些著作的话,这

---

[1] 《舍勒思想评述》,[美]曼弗雷德·S.弗林斯著,王芃译,华夏出版社2003年版,第11—12页。
[2] 《情感的语法:舍勒思想引论》,张任之著,中国社会科学出版社2019年版,第10页。

三部作品连同他的《伦理学中的形式主义和质料的价值伦理学》,将构成舍勒思想体系的四梁八柱。弗林斯通过对舍勒著作大量脚注的反复比对后发现,从生理学到核物理学,从社会学、动物心理学和驱动力原理到神学、医学和历史学,所有这些足够博大精深的知识成就,最终构成了舍勒《哲学人类学》的基础。而舍勒生前已经出版的《人在宇宙中的地位》,正是《哲学人类学》的一个提纲挈领的概述。

舍勒的思想,集中体现了一个对人类个体自由、绝对价值和体现于人身上之永恒的坚定维护者。在当代思想的整体框架中,舍勒被视为胡塞尔的追随者和此在本体论的先驱,也就是介于胡塞尔和海德格尔之间的那个人。

(一)舍勒思想的核心概念

舍勒思想的主要背景有费希特、奥伊肯、索洛维约夫的观念论道德哲学,尼采、狄尔泰、西美尔、奥伊肯的生命哲学,胡塞尔的现象学,奥古斯丁、帕斯卡的基督教心学传统等,同时也有佛学的影响。这在一定程度上使舍勒的思想异常复杂丰富,人们对他思想中各个环节的理解总是不甚相同甚或将其割裂,但"价值""人格""伦常明察""爱的秩序""死亡""上帝""怨恨""哲学人类学"等是公认的最具舍勒思想特色的核心概念。

1. 价值

价值哲学是舍勒思想的核心,但早在写作博士论文时期的舍勒就放弃了"价值是什么"的追问,认为价值具有不可定义性,价值并非某种实在的东西,也不是事物的属性。价值存在并不能从属于此在和如在。舍勒明确地将价值本身与价值事物、善业区分开来,但价值又必须依附其载体。价值只有体现在事物或人格等载体上时,它才是存在的,因此价值是一种功能性的存在,是不可还原的感受直观的基本现象。价值的被给予,不同于智性的意识感知的方式,智性对于价值就像耳朵之于颜色一样盲目。舍勒认为,一门价值现象学必然关联着一门感受现象学。

在纯粹的伦理学中,一直存在三个基本问题:第一,最高的善的问题;第二,正确行为问题;第三,自由意志的问题。迄今为止,在理性世界尚无法确立最高的善。从道德上讲,关于什么是正确的行为的回答,舍勒以质料的价值伦理学来应对,即价值的直观认识。这种认识独立于价值并通过人来实现。舍勒认为,价值是理想的载体,是永恒不变的。如果人们实现了这样的价值,那么正确的道德行为就随之出现了。在舍勒看来,道德判断以对价值品质的认识为先决条件,同样地,知觉判断以对事物的可感觉的品质的认识为先决条件。

舍勒认为,价值的直觉先于概念化和认知活动;存在一种自具其理的先天的"心之秩序"或"心之逻辑",因而作为感受、偏好、爱或恨的先天内涵的价值自身拥有其自身的等级秩序,并且只能通过情感行为被给予。价值与其相应的

非价值,构成一个客观的价值等级:

> 神圣的价值(懊悔、谦卑、崇敬)与非神圣的否定价值(与福乐与绝望有关)——精神的价值(真理、美、正义)与反面的否定价值(与精神上的喜悦与悲哀有关)——生命的价值与反面的否定价值(高尚的与卑贱的)——功利的价值与反面的否定价值(有用的与无用的)——感官的价值与反面的否定价值(适意的与不适意的)

五种价值等级都分别与五种不同的感受相关。每当一个人喜爱较低价值而非较高价值,或者喜爱非价值而非喜爱价值,心灵的失序就会发生。强调实用价值而贬斥神圣价值、精神价值、生命价值,是对价值等级秩序的严重歪曲。

舍勒在《伦理学中的形式主义和质料的价值伦理学》中,对伦理学中通常存在的形式主义,特别是康德的形式主义予以批判。批判康德,是为确定价值本身的本质和功能铺路。舍勒的价值学说,与他秉持的"情感先验性或者先天"(emotive a priori)观念有密切关联。舍勒认为,价值只能通过情感而被把握,理性不能对价值进行思考,唯有对价值有具体体验,心灵才能安立价值范畴。对于舍勒来说,人格是价值体验的重心。舍勒用"伦常明察"来指称行为的本质方面,认为所有伦理学都预设了作为感受、偏好、爱、恨之中明见性的伦常明察。任何一种对某一对象的智性的如在把握,都以有关此对象的情感的价值体验为前提,即"价之认定"始终先于"真之认定"。

2. 人格

人格(Person)起源于拉丁语 persona,字面上的意义是指"声穿",原是一种演员戴的面具,意指在让声音从隐蔽在面具后面的东西身上穿透出来的同时,也遮挡了某种东西。在舍勒这里,人格既非一种可看见或可想象的事物或实体,亦非一种对象,而是那个直接地被体验到的生活—亲历(Er-leben)的统一。任何把人格概念具体化为一个具体的人格的做法本身就是在去人格化。人格不是某种现成的、实在的或抽象的东西,而且也不是不变的绝对的"自我"或"纯粹意识"。人格是在其行为活动中的超意识的"存在",与"自我"(或"自己")不同,人格从来不是"对象",因为"自己"本身还是内感知中的一个内容,而人格则控制着"自己";同时人格也发展着"自己",使"自己"成长。因此,人格绝不仅仅指人,而且也并非所有人都可配称"人格"。

舍勒认为,人格是不同种类的本质行为的具体的、自身本质的存在统一,它自在地(因而不是为我们的)先行于所有本质的行为差异,尤其是先行于外感知和内感知、外欲求和内欲求、外感受和内感受以及爱、恨等等的差异。人格的存在为所有本质不同的行为"奠基"。人格存在于行为的进行之中,并使本质各异的行为得以统一。唯有人格是一个

"具体的统一性",完全在其每一个行为中生活和存在,并且合乎本质规律地包含一个无限的行为系列。因此,作为生活—亲历之统一的人格便是一种动态的存在,一种恒定的实现流。这主要表现在两个方面:

其一,是人格之道德本质的不完全性。人格从未完美过,人格向来在道德上亏欠[①]于自身,这正是人格的存在方式。正由于亏欠,才产生一种不断上求的实现冲力,人格才得以存在,才成为实现流。而这种实现冲力来自"应然"与"实然"的冲突,即舍勒所谓的相对性虚无。相对的无是一种几乎弥漫渗透我们生活每一环节的概念与体验。比如,桌子上是空无一物的,桌子上可能出现东西:"可能"在那里的东西,实际上并不在那里。道德上的"应然"与"实然"正是这样一种关系,"应然"是一种相对的无。

其二,是人格的纯粹时间性。舍勒同柏格森、胡塞尔一样,接受了奥古斯丁的"内时间"概念,他区分了客观的时钟时间和纯粹的绝对时间。所谓绝对时间,亦即一种绝对生成,一种不受外在的、人为影响的自发生成,它与内容(质料)结合在一起,内容并不在此时间中流动,而是为自身定位,因此绝对时间(生成)本质上就是内容化了的时间性或内容的自身时间化。人格的存在是在绝对时间之中的,由此人格便是恒定的实现流。绝对时间是不能被对象化的,因为一旦对象化,绝对时间(生成)即会消失。因此,人格亦

---

① 有某种近似老子的虚怀若谷、知雄守雌的意味。

是不可被对象化的。

那么人格又该如何被揭示呢？在舍勒看来，我们唯有通过爱，并且在爱的行为中，作为个体之人格价值才能够被给予。唯有透过"爱的参与"，一个人才有可能真正"理解"到另一个人的精神人格。舍勒因而提出一种"榜样与效法"的学说。榜样首先是作为一种价值的人格类型，人格与它的榜样之间的关系是一种爱之中的追随，我们成为如榜样范本作为人格之所是，而并不成为它之所是。就是说我们要学会如榜样所愿和所做，而不是学会它之所愿和所做本身。这也是榜样关系与引领者关系之间的区别，因为后者中不存在一种真正的志向改变。舍勒进而区分了纯粹价值类型（榜样）之等级秩序：圣人、天才、英雄、引领的精神和享受的艺术家。

3. 伦常明察

舍勒把自己的伦理学称作"明察伦理学"，即建基于伦常明察（sittliche Einsicht）之上的伦理学，以此区别康德的"义务伦理学"。舍勒甚至认为，伦常明察比伦理学更为重要，因为伦常的意愿尽可不必以伦理学作为它的原则通道，但伦理学却必须以伦常认识和明察作为它的原则通道。

倪梁康认为，舍勒的伦常明察概念源于亚里士多德伦理学中的"德性"（arete，Tugend，virtue）概念[1]。在亚里士

---

[1] 《"伦常明察"：舍勒现象学伦理学的方法支持》，倪梁康著，载《哲学研究》2005年第1期。

多德那里,灵魂(或者所有心理现象)的状态有三种:感情、能力与品质,德性就是其中的品质。德性是一种选择的品质,存在于相对于我们的适度之中,并由逻各斯规定。亚里士多德进一步将德性区分为两类:理智德性和伦理德性。伦理德性包括按照正确的逻各斯去做的一般伦理德性,以及公正、勇敢、节制、大方、友善、诚实等具体伦理德性。理智德性分为五种:技艺(techne)、明智(phronesis)、科学(episteme)、智慧(sophia)以及努斯①(nous)。德性都是后天培养的,理智德性可以通过教导而发生和发展,所以需要经验和时间;伦理德性则通过习惯养成。同时,亚里士多德也给先天的东西留出了位置:自然赋予我们接受德性的能力,而这种能力通过习惯而完善。除此之外,亚里士多德对德性还有两点说明:其一,自然馈赠我们的所有能力都是先

---

① 古希腊哲学家、原子唯物论的思想先驱阿那克萨戈拉认为,种子本身是不动的,推动种子的结合和分离的力量在于种子之外的一种东西,他称之为"努斯"。他认为,宇宙原是无数无穷小的种子的混合体,由于努斯的作用,使原始的混合体发生旋涡运动,这个运动首先从一小点开始,然后逐步扩大,产生星辰、太阳、月亮、气体等等。这种旋涡运动的结果,使稀与浓、热与冷、暗与明、干与湿分开,于是浓的、冷的、湿的和暗的结合为大地,而稀的、热的、干的和明的结合为高空,从而构成了有秩序的宇宙。在希腊文中,努斯本义为心灵,转义为理性。阿那克萨戈拉以此来表述万物的最后动因。努斯和任何个别事物不同,它不和别的事物相混,是独立自在的;努斯是事物中最稀最纯的,它能认知一切事物;努斯是运动的源泉,宇宙各种天体都是由努斯推动的,过去、现在和将来的一切东西都是由努斯安排的。

以潜能形式为我们所获得,然后才表现在我们的活动中。但是德性却不同:我们先运用它们而后才获得它们。其二,德性因何原因和手段而养成,也因何原因和手段而毁丧。因此,德性更类似于技艺而不同于感觉。获得德性的方式不是像幼童的看或听的能力那样无师自通,而是像幼童的说话、行走能力一样,需要通过逐渐的学习和练习才能掌握。亚里士多德认为,从小养成这样的习惯还是那样的习惯决不是小事。正相反,它非常重要,甚至是最重要。据此,亚里士多德意义上的德性可以理解为:出自自然的资质、通过现实的行为而形成的人的合乎理性的活动能力。

舍勒所说的伦常明察,近似亚里士多德五个理智德性之一的明智。舍勒认为,伦常的意愿,甚至整个伦常的行为都奠基在价值认识(或在特别情况中伦常价值认识)连同其本己的先天内涵和其本己的明见性之上,以至于任何意愿(甚至任何追求)都原本地朝向一个在这些行为中被给予的价值之实现。所不同的是,舍勒强调,伦常明察具有自己的客观相关项,任何一种感受状态都既不是价值,也不决定着价值,而至多只可能是价值的载体;而亚里士多德则更多是把明智看作是通过教育和训练所形成的一种指向道德善的意愿能力,而且的确如舍勒所说,在亚里士多德那里,没有价值伦理学的位置。

因此,舍勒的伦常明察是一种对某物的感受活动。舍勒对感受活动与感受内容有三重划分:一是对状态意义上的感受内容的感受活动,即只具有主观感受内容的感受;二是对象的、情感的情绪—特征,即具有主客合一的感受内容的感受;三是对价值的感受,即具有客观感受内容的感受。伦常明察可以被纳入到第三类对感受内容的感受活动中。也就是说,伦常明察既不同于无客体的、纯主观的感受状态,也不同于虽然朝向客体,但却与价值无关,更与伦常价值无关的感受。伦常明察之所以叫作明察,乃是因为它并不是对价值(Wert)的一般感受,而是对价值先天(Wertapriori)的本质把握。确切地说,与胡塞尔所主张的对先天观念的本质直观相似,伦常明察是一种对先天价值的本质直观。明察是在柏拉图意义上的洞察,是对洞外的理念世界的洞见和察看。

舍勒的伦常明察是如此重要,以至于所有伦常行为都建立在伦常明察的基础上,而且所有伦理学必须回归为处在伦常认识中的事实及其先天关系。这意味着,伦常明察不仅是所有道德实践活动的依据和基础,而且也构成所有伦理理论研究的出发点和前提。

4. 爱的秩序

在舍勒看来,先天的价值等级秩序对应在每个人身上便是我们的"爱的秩序"(ordo amoris),它既作为个人一切行为的根源,同时也是一个先天价值秩序的缩影。因此,爱的秩序便具有双重含义:一是"规范性含义",一是"描述性含义"。前者意味着,爱的秩序是与人的欲求相联系的一种内在要求,而且也只有与人的欲求相联系,才成为一种客观规范;后者是指一种方法,借此方法我们可在人之具有重大道德意义的行为、表达现象、企求、伦常、习惯和精神行为这些起初令人迷惑的事实背后,发掘出追求一定目的的人格核心所具有的基本目的的最简单的结构。主体正是按此规定在道德上生活。我们在他人身上认识到的一切道德上至关重要的东西,也必须还原为爱和恨的行动以及爱的秩序。谁把握了一个人的爱的秩序,谁就理解了这个人,因为人的最基本的道德核心就是爱的秩序,相当于价值序列。

同时,因为存在着恨这种与爱相对立的行为,这个世界就必然存在着爱的秩序的迷乱或失序。恨一方面可以使我们对价值世界的整体产生残缺的把握,造成对某些价值的盲目;另一方面,恨也可能令我们不自觉地颠倒或歪曲业已把握到的价值,造成价值的颠覆。舍勒批评资本主义社会是感性价值和实用价值占据主导而忽视更高的生命价值,就是以此为出发点。

舍勒自觉充当"时代的医生",对爱的秩序的失序或价值颠覆等时代与社会之弊进行诊断,并提出了一系列治疗方案。同时,关于失序或颠覆本身的原因问题,即恶的缘起问题,却一直困惑着舍勒。他尝试提出过多种回答,但最终却没有说服他自己,这甚至最终引发了他形而上学立场的根本改变。

5. 死亡

死亡是人不可回避的问题,也一直是西方哲学的重要命题。早在1911年到1912年,舍勒就把死亡问题当作自己的研究主题。1914年舍勒在演讲的基础上发表了长文《死与来生》,勾勒了人一生有关现在、过去和未来的体验的变化趋势。舍勒认为,时间体验具有三重视域[1],其变化趋势表明,"过去"在持续地"侵蚀"一直都活着的生命的全部,而"未来"的视域正变得越来越小,它挤压着"现在"的视域,使之在"过去"视域的不断扩大与"未来"视域的不断缩小之间趋于消失。在舍勒看来,死亡会将存在于意识和生命体验中的现在、过去和未来这三个视域全部毁灭。

舍勒指出,第一,死去本身是生命过程中的一个举动;第二,死亡在每个人的一生中都具有直觉的确定性;第三,

---

[1] 舍勒认为,绝对时间渗透在生命的所有阶段当中,也渗透在人的位格的整个行为—存在当中。它也潜伏在走向死亡的衰老那持续不断的转变中。对意识中的过去视域、现在视域和未来视域的变化来说,这一点更加有效。在年轻时,意识拥有一个无限的未来视域,小小的过去视域开始不断生长,直到过去视域和未来视域达到相对平衡。到了中年,过去视域和未来视域开始日益无情地挤压存在于它们之间的现在。也就是说,未来视域沿着后退的方向通过变短而回缩,就好像它从前面回缩到现在;与此同时,过去视域却变得越来越宽,它从后面既压迫着现在也压迫着未来,直到它们的抵抗彻底崩溃。三个视域变化的动力学是一个时间意识的事实,也意味着胡塞尔的"倾向死亡"。

正如以位格形式存在的意识在人的有生之年能"盘旋"于肉身经验之上,位格也能在人死亡期间和死亡以后盘旋于肉体的残余物之上。舍勒在从心理学和文化的角度看待死亡问题的同时,也十分关注人对死亡的焦虑问题,在他看来,人对死亡产生焦虑是由现代西方那种算计性的心性造成的。

1923—1924年间,舍勒在科隆大学以"死亡的本质"为题做演说,对死亡问题的研究投入了更多时间和精力。舍勒认为,从全部生命看,死亡既是人不断累积起来的人生体验大团圆的盛宴,也是对个体生命所获得的一切的遣送。与全部生命相比,死亡是彻底的胜利者;正是死亡永恒挽救了个体生命在其一生的挣扎中所累积起来的一切;死亡把全部生命归还给它本身。尽管个体生命会随着器官的老化而走向尽头,但并没有什么东西被失去。全部生命不断以新的功能丰富自己,死亡是为新的生命的到来所做出的牺牲,就像为了同样的目的的历史也必须发生的革命一样。在舍勒早期著作《战争的天才》中,他就把毁灭和战争比作"道德上的雷雨"。雷雨过后,空气将是一片清新。死亡在于促使生命向最高处不断发展。

在舍勒看来,人的死亡过程和死亡本身都处在全部生命的过程之中,也就是说,死亡并非因此将人抛入虚无的终点;死亡不能等同于绝对的虚无。死亡是"与某物相关的虚无",即与生命相关的虚无。在一本1927年所写的题为"人

类学的结论"的笔记中,舍勒写道:

> 没有任何人会被文化、种族、风土、人情、传统或神话束缚住。人是自由的——他可以自由地追求他所渴望的一切,自由地凝视和沉思他所向往的一切。要知道,人扎根于永恒的实体之中——他既具有本能生命,又具有弥漫在他肉体和灵魂的所有骚动之中的精神——并对整个精神开放:人能超越自然和历史,并不断提升自身。他甚至可以自由地接受他的死亡,甚至能真诚地自愿走向死亡——要知道,在这些情况下,他是在为神性的生成而牺牲自身,他的死亡就是神性自己的收成和逐渐康复。那充满爱的人会欣慰地死去。那充分享受这个世界上专为生命提供的美酒佳酿的人,那既对自己负责也为他的同胞担当责任的人,也会欣慰地死去。而那在有生之年对自我异化的自然的各种本质力量一直十分敏感的人,那承受它的惊涛骇浪又能将其控制到最小程度的人,也将在所有自然浪潮的冲刷下平静地死去。
>
> 现代人对死亡的焦虑根源于一种错误信仰,即认为"生命"像日常用品和财产一样属于有机体的私人财产。现代焦虑使人无法认识到,生命会穿越我们而奔流不息,生命自身只不过是我们必须向前传递的东西。对死亡的焦虑也根源于这种错误信仰,即认为灵魂自

身不过是诉诸神的判决才能被拯救和被创造的"孤立实体"。然而,这种对死亡的焦虑只不过是中产阶级的孤独(社会、中产阶级的利己主义)所造成的一种病症;与此同时,这种焦虑还把有用物品的暂时价值加以夸大。现代焦虑是生命贫困的标志。

个体的死亡——你是什么?"在生命自身永无止境的新生中,你是黎明的辉煌,是攀登,是收获,是开端;生命因你而不断更新、不断成长"。

这种神性和世界生成的宇宙的、神谱的、休戚与共的秩序将粉碎所有对死亡的焦虑。它会让人从对象化的自我中获得救赎。它将使我们感到,我们仍会活在每朵花、每只虫子、每阵风和每片云当中。这种秩序也会让我们觉得,我们的思想仍会在每位把我们的和他自己正在发生的思想连在一起的后来者的心灵当中继续。

从本源上讲,人活在真理当中。

不久之后,舍勒因心脏病发作被送进医院。他跟自己的家属说,他不想再继续活下去了。他一直渴望有更多的孩子。当他住进医院一周之后,他的第三任妻子告诉他说,她怀孕了。隔天之后,死神带走了舍勒。[①]

[①] 引文及叙述参见曼弗雷德·S.弗林斯《舍勒的心灵》(上海三联书店2006年版)第305—307页。

6. 上帝

舍勒是一位天主教徒,我们有必要关注他与基督信仰和天主教会关系的某些特征。

舍勒关于上帝的概念及其宗教哲学的主要思想,集中体现在《论人身上的永恒》之中。舍勒的上帝概念在不同的语境中有不同的表述,譬如,作为"位格之位格",作为与宏观宇宙相关的位格,作为非客观化的位格存在而呈现其自身,等等。但是,舍勒说,上帝无法像位格一样被认识,上帝的概念只能在宗教行为中被给予。如果一种哲学试图将位格上帝作为理性思考的对象,这样的哲学只能在宗教传统的引导下回避其问题。

对上帝存在的证明,舍勒对三个相关概念进行了必要区分。一是"指认",是指明某物的方法,即睁开眼睛去看,而不是信而不见。指认某物是对那些还没有被发现的事物的发现(看见)。二是"证实",是对从前已被发现的某物的再发现,是一种再思的方法、检测的方法或者衡量以前已出现过的事物的方法。三是"证明",指的是对早已发现的命题的证明。或者说只有命题可以被证明。舍勒认为,既然作为位格的神圣存在只有在宗教行为中被给予,那么,一种超自然的、神圣的、位格的存在就无法被精确地证明。只有通过指认和证实的途径,对一个位格上帝存在的任何可能的言说才得以存在;而所有通过指认和证实的方法对上帝存在的言说,其有效性都不太充足。就舍勒而言,证明上帝存在是不可能的。

那么,舍勒是如何指认上帝的呢?舍勒是通过对人类宗教行为的分析,来告诉我们关于上帝的属性。也就是说,只有现象学的处理方法,才能使人了解人如何在其自身体验到这一神圣层面。如果认为所有的宗教行为都是虚幻的或有虚幻之嫌,我们就必须正视人身上非理性因素,否则我们会舍弃全部的宗教真理[1]。

舍勒认为,宗教行为是人类存在的基本的和必需的成分。每一个人在其自身中都拥有一个抽象的层面,他不断地朝着这一层面行进。因此,人有意无意地超越这个层面,使生命具有意义。正是这样,人类意识的基本的宗教层面也就延续了下来。当然,对于人而言,用尘世的和有限的偶像(神祇)来填补这一抽象层面也是可能的。他可以崇拜金钱、实业、国家、爱、抽象的知识,可以用任何物质的偶像来填补这一层面,甚至可以用一种理想化、抽象化的政治、社会或经济以及一种他所信奉的哲学去填补这一层面。或者说,人的本质与这一特别层面相关,舍勒认为,否认这一层面,就是对人的否认。因此,舍勒说,对每一个有限的精神性的信者来说,要么相信上帝,要么相信偶像。作为一个机构的教会的任务是,将其信徒引导向一种宗教经验和真宗

---

[1] 关于这一点,也是读者阅读和接受舍勒的著作和思想需要特别重视的。

教的行为,而非从根本上去试图相信上帝是通过理性的方式得以存在的。当偶像(金钱、性、商业、民族等)已经在人的身上成了绝对的一部分时,是不可能用劝说,用教育和逻辑,或者用所谓的证明来把不信上帝的人引向一种真的信仰行为的。"打破偶像",把人从假神和偶像中清理出来是心理—技术问题。舍勒认为,研究各种类型的清理内在心理的技术十分必要。尽管舍勒没有特别说明,但他的确具有一种带有东方色彩的自我净化的心理技术,用于唤醒和拯救。

7. 怨恨

舍勒认为,第一次世界大战(1914—1918)是头等重要的历史事件,因为它开启了一种全球性的、跨文化的和国际性的、对作为整体的人类的经验。舍勒就是在反思战争等人类经验的基础上开始研究怨恨的。他最早的一篇相关论文是写于战前的1912年的《怨恨与道德价值判断》,后经充实并易名为《道德建构中的怨恨》于1915年再次发表。此外,与此相关的文章还有《论女权主义运动》(1912)、《作为世界观问题的人口难题》(1921)、《谐调时代的人》(1926)等。大战导致悲惨的新型移民、群众的饥饿、无助的儿童、教育的匮乏等问题,进而导致对国家、种族以及集团的差别意识难以控制地蔓延。未来灾难的心理的、社会的以及政治的根源正是由这些缺陷和弱点生发出来,它们也是各种有害的憎恨和恶念形成的原因。

舍勒认为,怨恨这种情感是存在于某些人心中的一种冥顽不化的憎恨。这种独特的憎恨感不仅会发生在某些个体身上,也会发生在各种集体性的团体、阶级,或许还有整个文化当中。在某些人身上存在各种无能感和软弱感,强烈的怨恨感和憎恨感正是由此而生。因此,怨恨是一种自相矛盾的情感,它那无情的力量和偶然的激烈却是在一个人难以克服的软弱中爆发出来的。怨恨和无能是与人的自我贬低感同时发生的。当一种价值感受源于某种特殊的无能时,这种感受也必定是虚弱的,并且必定会错过与它相应的价值相关物。怨恨就是一种存在于价值感受中心的紊乱,它也是价值偏好发生紊乱的原因。

由此出发,舍勒梳理出三种怨恨情感结构:其一,它们是对那些怨恨主体无力获得的肯定价值的"诽谤"。难以获得的价值会被人从情感上加以诽谤和贬低,而在无法治愈的生理上的、心理上的、智力上的或社交上的无能中存在的否定价值则会被人下意识地拔高。其二,在各种怨恨的"初始形式",它们会导致真正的怨恨。这些初始形式包括报复、不怀好意、嫉妒、敌视、眼红和幸灾乐祸等。其三,所有的怨恨感受都必定会导致人将自己和没有怨恨感受的他人进行"比较"。怨恨主体之所以想把自己和别人进行比较,是出于自己的无能感受。这种无能感受是怨恨主体仅仅看别人几眼就会形成的。

舍勒认为,总体而言,是社会风气中的价值判断错觉导致了怨恨。舍勒主要从四个方面进行了深入的分析:(1)怨恨与人道主义。舍勒是西方少数对人道主义的幻想持有异议的哲学家之一。他很早就发现,在社会扭曲的道德品味中弥漫着社会怨恨结构毒素;现代人道主义的怨恨已经渗透到生活的很多领域中。人道主义者的怨恨根源于其充满热情的外向行为中所暴露出来的空虚;他们孤单的时候不快乐,不快乐时抑制不住想把他人社会化并给他人提供帮助。(2)生命价值与感官享乐价值的倒置、有用性,及技术价值。一个怨恨主体不仅诱骗自己去相信他的价值错觉是"正常的",而且也产生了这样一种信念,那就是只有他才知道如何区别对与错。舍勒认为,生命价值和实用享乐价值被倒置了。作为普遍有效的道德价值、商业价值和技术价值在社会的各行各业中都发挥着作用,精明、很强的适应性、算计性思维、坚定性和工作业绩构成核心社会价值。与这些核心价值相比,生活共同体对战斗的勇气、甘于牺牲、信仰、对物质财富的相对淡然、爱国主义、家庭、部落以及谦卑的评价,已经被放在了从属地位。这些让舍勒"闻到了一股强烈的怨恨气息"。(3)靠自己获得的价值以及道德上休戚与共的缺乏。人们持有一种虚假但却坚定的信念,那就是可量化的工作才能产生道德价值,不能量化的工作成了次要价值。而且,靠自己获得或自己完成的价值才是值得重视的。在舍勒看来,道德上的休戚与共是价值伦理学的第一条共在原理,但过分的个人主义已经使这条原理变

41

得非常罕见。(4)平等主义价值的主观化。有一种道德相信,个体的道德价值是以自己获得的东西为基础的。正是在这种道德中,包含着怨恨。现代政治、社会、道德和教会都倾向于追求人的平等,而平等主义包含着一种隐蔽的、充满怨恨的轻视和贬低。舍勒认为,只有那些怕输的人才会首先祈求平等。平等主义的怨恨感不能容忍最少价值和最低价值的载体,也不能容忍非凡价值的载体。怨恨试图在不平等的工作条件和机会中为不平等的存在找到现成的理由。

8. 宗教人

人是什么?人在存在、世界和上帝的整体中占据何种形而上学的位置?人在宇宙中如何定位?这是一切哲学的核心问题,也是舍勒不断追问的问题。

舍勒用现象学方法辨析了各种关于人的理念,认为那些基于词、工具、理智等基础之上的所谓理智人、使用工具的人、语言人等人的理念,本质上都是病态的、丑陋的。但这种病态、丑陋的人却能够立刻变得美好起来,只要他能够意识到自己的活动能够成为超越一切生命、超越自身的本质。

舍勒因此提出了他对人的论断:

"人"是"超越"的意向和姿态,是祈祷的、寻求上帝的本质。并非"人在祈祷"——他是生命超越本身的祷告;"他不寻求上帝"——他是活生生的 X,X 寻求上帝！他有能力这样,并能达到如此程度:他的理智、他的工具机械赋予他越来越多的自由闲暇去内省上帝、爱慕上帝。唯独这一点才能为他的理智、他的产品及文明声张辩护……上帝是汪洋大海,精神和爱慕是一泻入海的百河千川。

舍勒认为,迄今为止的有关人的理念学说错在企图在"生命"和"上帝"之间再嵌入一个可以定义本质的人。人的本质恰恰是不可定义性;人是一种间性的存在,一种临界和过渡,一种在上帝显现中方生方成的行为之在。人是一种"拟神",一种无限的上帝映像的X的观念,一种上帝映在巨墙上的无数身影之一。上帝始终是人铸就自身的样板,是人生长进入的所在,是人存在的根基。

在舍勒看来,人的本质存在是一位寻神者,当其开始超越静止的自身的存在,开始寻求上帝,他就是一个"人"。因此,舍勒关于人的理念实质是"宗教人"。

舍勒同时认为,人从来都没有"发展"到脱离动物世界的程度,人过去是、现在是,并永远都将是动物。自然人并非单源地形成于类人猿,而是同类人猿有共同的更为原始的祖先,更为共一的古猿猴形式。当古猿猴的器官功能不能适应环境时,发生了人化,即运用理智发展制造工具等;部分生命活力强大到足以适应环境的古猿猴,则发生了猿化。由于人化、猿化之前的古猿猴早已形态各异,因此人化之后,人也有多种形式,即各类人种等。动物和人实际上构成一个严格的连续统一,那种随意地将人兽分隔的行为是理智的妄为。人的所谓人性仅在其超越性,绝非如近代人本主义那样将人与动物、人与上帝隔绝开来。也就是说,脱离动物和上帝,便没了人性。

9. 哲学人类学

承前所述,舍勒对"人是什么?人在存在中占有什么地位?"的追问,成为他自哲学意识觉醒以来最重要的哲学问题。甚至他所研究的一切哲学课题都以此为出发点和最终的汇合点。舍勒认为,"哲学人类学"并非仅是对某一特定课题的哲学探讨,也并非哲学的一个分支,而是负载着哲学的大全主义使命。

舍勒的哲学人类学首先与"后设人类学"相绞缠,是交叉领域的研究,是所有"后设学科"的联合体。因此哲学人类学的研究首先不可能与各门"后设科学"特别是与各门实证科学脱钩,同时又绝非奠基在这些实证科学或"后设科学"之上,因而是处于第一层的形而上学与第二层的形而上学之间的。哲学人类学是生物学、医学、史前学、人种学、历史学、社会学以及心理学等处理人的问题的所有个别科学的基础。

舍勒说,哲学人类学的任务,在精确地描述人的一切特殊的专有物、成就和产品是如何从人的存在的根本结构中产生出来的,如语言、良心、工具、武器、正义和非正义的观念、国家、领导、艺术的创造功能、神话、宗教、科学、历史性和社会性等等。

舍勒所规划的《哲学人类学》写作,包括下面这些问题:(1)引论——人类关于自己的自身意识的类型学;(2)人的本质存在论;(3)人与动物之区别的系统比较;(4)在生与死之间的人类生活的时间流学说;(5)人的起源学说;(6)作为社会和历史生物的人的哲学;(7)人的未来;(8)比较人类学的本质建基;(9)人与世界根据的关系。所有哲学问题都在"人是谁?人是什么?"的问题上相交汇。由于舍勒的突然去世,上述九条中已经得到初步展开的仅有(1)、(3)条,即只是考察历史上对人的本质的探讨(比如"理性人""工具人"等),在人与有机界的其他生物的系统比较中界定人的本质,即精神与生命冲动的不断相互转化、相互渗透的生成存在。《人在宇宙中的地位》作为现代哲学人类学的宣言书,所阐述的精神与生命冲动的理论只是整个哲学人类学构架的一个部分。哲学人类学是舍勒的一项最大的未竟事业。

(二)舍勒与现象学

德国古典哲学家黑格尔都曾经使用"现象学"一词,但其含义与胡塞尔为代表的现象学家之"现象学"不同。现象学是20世纪在西方流行的一种哲学思潮。狭义的现象学指胡塞尔创立的哲学流派,其学说主要由胡塞尔本人及其早期追随者的哲学理论所构成。广义的现象学其内容除胡塞尔哲学外,还包括直接和间接受其影响而产生的种种哲学理论以及20世纪西方人文学科中所运用的现象学原则和方法的体系。严格地说,现象学不是一套内容固定的学说,而是一种通过"直接的认识"描述现象的研究方法。它所说的现象,既不是客观事物的表象,亦非客观存在的经验事实,而是一种不同于任何心理经验的"纯粹意识内的存有"。

现象学思潮从20世纪初以来,按时序可分为三个阶段:(1)胡塞尔现象学时期(20世纪初至30年代中期)、(2)综合研究时期(20世纪40年代以后)和(3)存在论现象学时期(20年代末至50年代末),三个时期互有交叉,各时期均包括一些主要代表人物。

胡塞尔现象学是在弗朗兹·布伦塔诺[1]的意向性心理哲学影响下创立的。布伦塔诺认为心理行为的意识与该行为对象的意识是同一现象。胡塞尔则认为二者有分别,意识经验的内容既不是主体也不是客体,而是与二者相关的意向性结构,从而离开了主张主体内在性的传统唯心主义,返回到原始的"现象",即各类经验的"本质"。在胡塞尔的倡导下所形成的早期现象学运动,旨在使哲学关注的重点,

---

[1] 弗朗兹·布伦塔诺(Franz Clemens Brentano,1838—1917):德国哲学家、心理学家,意向性心理学派创始人。著有《从经验的观点看心理学》,其追随者包括亚历克修斯·迈农、埃德蒙德·胡塞尔、卡济梅尔兹·塔多斯基等许多著名学者。

从当时新康德主义的"批判唯心主义"的主体概念,转向意识经验中的实在对象。舍勒是这一运动的主要成员,也包括"哥廷根小组"和"慕尼黑小组"。他们在本体论、伦理学、美学、法学、心理学、自然哲学、文学理论等研究中,运用现象学还原探寻研究对象的"本质",在对象中寻找不变的"先天"因素。在很大程度上,胡塞尔现象学被认为是一种实在论哲学。

由于胡塞尔转向先验现象学,现象学运动走向分化。胡塞尔通过对意向结构进行先验还原分析,分别研究不同层次的自我、先验自我的构成作用和诸主体间的关系以及自我的"生活世界"等等,认为现象学的根本方法是还原分析,在先验还原过程中存在着意向对象和与其相应的"诸自我"之间交错的还原层次。胡塞尔指责其追随者们误解了他的"事物本身"的概念,并由于囿于客观主义和实在论而无法达到先验意识水平;其追随者则指责胡塞尔重返侧重主体概念的唯心论老路。

胡塞尔的弟子海德格尔在 20 世纪 20 年代末改变了现象学研究的方向,开创了侧重探讨存在问题的新思潮。海德格尔认为,还原的意识尽管重要,但必须首先研究意识经验背后更基本的结构,即所谓前反思、前理解与前逻辑的本体论"此在"(da-sein)结构。只有通过对这一基本结构的研究,才能了解意识和先验自我的可能性及其条件,从而揭示隐蔽的"存在"。由于海德格尔探讨存在的意义问题,因而其学说又被称作是解释学的现象学。然而,海德格尔的后期哲学无论是从对象还是方法上看,都与现象学越来越疏远了。

梅洛-庞蒂是法国现象学最主要的代表之一。他也认为意识结构是哲学的基本问题,但既不同意胡塞尔把人最终还原为先验意识,也不同意海德格尔把人的生存还原为神秘的"存在",也反对萨特把自我的生存还原为自我对生存的意识。他认为"我思"必然把我显示于历史情境中,现象学还原的结果是先验性的"知觉世界"。他强调知觉世界是人与世界的原初关系,因而主体必然"嵌于"世界之中,与世界和他者混同,以此否认唯心主义与实在论的界限。

第二次世界大战以后,比利时、联邦德国、美国、法国分别建立了胡塞尔研究中心,对胡塞尔的思想重新深入研究。20世纪50—70年代在美国也出现了很多介绍研究现象学的学者。这一时期的现象学者尽管在研究的原则对象和方法论上具有更大的综合性,但其学术地位一般而言尚不及前两个时期的主要现象学者。然而,作为一个整体的现象学思潮,在当代西方人文科学领域的影响却比以前大得多,研究活动扩展到东西欧、南北美以及亚非各洲,研究人数与学术活动均有所增加,与其他哲学流派如分析哲学、实用主义、结构主义、精神分析学、解释学、西方马克思主义等的比较研究进一步增强。作为方法论的现象学,较为广泛地应用于历史学、社会学、语言学、宗教学、精神病理学、文学理论等人文学科的研究中。

舍勒首先被视为现象学早期运动的领导人物,其敏锐的洞察力、饱含激情的讲演以及大批作品的问世使他的声望很快盖过了"现象学之父"胡塞尔。他的《同情的本质与形式》也是最早被译成法语的现象学经典著作,梅洛-庞蒂和萨特都在自己的成名著作中一再地引证舍勒的思想。同时,舍勒的价值伦理学被看作自亚里士多德德性伦理学、康德义务伦理学以来伦理学发展的第三阶段。他也曾一度被称作天主教哲学精神的引领者、知识社会学的先驱和现代哲学人类学的奠基人。

弗林斯在《舍勒思想评述》第二版前言中,对舍勒的现象学思想归纳了七个要点,并认为舍勒与众不同的现象学思想,其开端可以追溯到他阅读胡塞尔1900—1901年的《逻辑研究》之后不久。舍勒本人也从来不隐瞒他对胡塞尔的敬意以及从他那里受到的影响,但是他同时声言,他与胡塞尔从一开始就有着不可忽略的差异。当然,舍勒与胡塞尔的关联是值得重视的,尽管舍勒总是在按照他自己独特的轨迹发展现象学的方法。

舍勒现象学思想要点包括:(1)现象学不是基于一种方法。任何方法都预设了其所运用于的意义或现象。然而,这并不意味着不需要运用方法。(2)现象学基于纯粹的直观。它通过暂时消除感觉材料和感觉直观的直观技术来构成。(3)时间意识预设活跃在所有生命和活力存在

(冲动)深处的自发活动。同样,空间知觉的发生也预设生命与活力存在自发的空间化活动。(4)意识——上帝、人或是在戏剧中所想象的形象等,只有当它们是位格中的意识时才存在,即它们是依赖位格而存在的。因此,所有的意识,都是"在位格中"的,或者说"意识"总是位格出现的"形式"。(5)自我是内在知觉及其非客体化行为的"对象",其自身没有构造的功能。(6)任何个体存在的价值经验都是其思想、意志与感知的基础。(7)世界的实在构成于生命和心智抵抗的能力之中。

很显然,弗林斯对舍勒的现象学思想要点的归纳,是基于读者熟悉胡塞尔的现象学思想的基本内容而做的。同时,以上七个要点却不是对舍勒与胡塞尔现象学的比较研究的结论。因此,要深入研究和理解现象学,舍勒和胡塞尔都是绕不过去的。

(三)舍勒关于人的研究

近代以来,西方的价值观念发生了惊人的变化,宗教改革、启蒙运动、法国大革命以及工业技术革命,汇成一股洪流,把传统的与希腊理性主义紧密结合在一起的基督教价值观打入冷宫,新型的市民——资本主义价值观念统领时代潮流。然而,自19世纪末以来,这种新型的价值观也开始受到怀疑和批判。尤其是第一次世界大战前后,欧洲人普遍感到现行精神价值的核心力量已病入膏肓,传统的精神支柱已然丧失。于是,人们便除了本己的生命要求之外,什么也不相信,一味听任其自然冲动为所欲为;虚无主义、历史相对主义伴随种种新的人间偶像争相出现。舍勒便是在这种"礼崩乐坏"的背景下,开始了他的哲学人类学建构。

同时,作为基督教思想家的舍勒还认为,尽管启蒙主义时代把真与假、善与恶、正义与非正义的所有概念,都深深地植入一个理性的人的本性的统一之中,而19世纪片面而又实际的历史文化则把这个统一体作为观念分解了,以至于衡量人之为人的公共标准最终消失,只有血淋淋的成功。然而,欧洲精神毕竟没有穷途末路。舍勒坚信,人身上毕竟尚有永恒的东西、珍贵的东西,这就是上帝赋予每一个人不可剥夺、不可转让的精神位格。这一位格的核心乃是在人自身内具有最高价值、无穷无尽地促使人高贵并向上帝看齐的爱的意向。舍勒坚持认为,天主教理才是欧洲精神的伟大遗产,基督教位格主义才是真正的欧洲大宪章。因此,面对种种自称有其可靠的科学方法为基础的近现代人学理论,舍勒始终牢牢抓住人的本质和人的价值问题,决定采取"现象学立场",施行价值意识和社会学批判。在舍勒看来,只有借助现象学立场,才能使我们对所有有关世界和根基的把握触及最终的与本质相应的基础。

通过现象学还原,舍勒回到人的纯粹事实"位格"上来,即人之所以为人在于他的位格存在;人的本质及其价值只能从人与上帝关系来界定。舍勒的"位格"不是一个事物对象，不是心理—物理实在，也不依赖于肉身状态而实存，因此不是从属于经验秩序的东西。在舍勒看来，个人是孤立的单个存在，位格则是一个社会的统一体；说到底，位格才是人的真正价值和本质之所在，它体现为一个向上超越的动姿，即意向性的趋于上帝的某种存在的行为。这一超越的意向动姿就是爱、永不止息的爱。这爱源于上帝，又奔向上帝。理智、语言、制造工具、强力意志、生存竞争等等，都使人与动物只有程度的差别，而无本质差别。只有上帝赐予人的位格，这个奔向上帝的热切温顺的爱的动姿，才使人与动物在本质上区别开来。人离弃了上帝便不复为人，不复有人的价值，只是高等动物。贬低人的地位和价值的，不是基督教思想，而是颠覆基督教价值观的近现代人本主义。

在舍勒看来，面对近现代各种研究人的学说的层出不穷，有必要提出一个统一的关于人的观念，建立一门统一的关于人的学科。只有一门新型的关于人的形而上学才能完成这一任务，这一任务就是给人定位。当人突然发现自己处在一个漫无边际的世界中，他并不只是一位旁观者，而是生活在这个世界中并且与世界正相照面。舍勒基于雅各布·冯·于克斯屈尔①和汉斯·杜里舒②的相关生物学理

---

① 雅各布·冯·于克斯屈尔（Jakob von Uexküll，1864—1944）：德国动物行为学家。

② 汉斯·杜里舒（Hans Driesch，1867—1941）：德国生机主义哲学家。

论提出,每一个种(species)都有其自己特殊的方式以组织它对其环境(milieu)的经验。舍勒的问题分为两层:首先,他希望说明人就是有机生命总体中的一种,人以一种特殊有组织的方式经验这个世界,然后再以人们所接受的生物进化理论解释人类的存在;其次,他希望证明,人与所有其他生物对比看来,在某种程度上是独立于其环境,而且还能将环境转变成一种"世界"。舍勒将心灵存在(psychical existence)分为五个相互关联的层次:

第一层:植物的营生生命(vegetative life)层,在这一情绪冲动中没有意识,甚至也没有感官和知觉。

第二层:本能行为(instinctive behavior)层,是低级动物的特征,其所以有意义,是因为这一层次指向一种目的,亦即是指向环境的特殊因素。这一层次不依赖于为了成就而必须去做的企图,也就是说,它从开始就是现成的。

第三层:联想记忆(associative memory)和制约反射(conditioned reflexes)层,这一层与在尝试数量的递增中所做测试的行为,以及根据成功失败原则和形成习惯与传统的能力之行为正相对应。

第四层:实践理智(practical intelligence)[①]层,不依靠先前尝试而在新情况中能自发且合适的行为层。这种行为预设了对环境及环境因素之相关性的洞见,并由此而有创

---

① 又译"实践智慧""实现智能"。

造性的(非单纯复制的)思想之洞见,能够预想以前从未曾体验的事态,并掌握诸如"相似""类似""获取某些东西的方法"等等能力。

人性的领域可属于生命,它的心灵生命(psychical life)也表现出冲动、本能、联想记忆、智慧以及选择。人分别参与以上所举全部四个有机生命的领域。

第五层:此外,人还具有别样的东西,他不但具有心灵(psyche),并且也有精神(spirit)。精神不是一种生命现象,也不是得自进化;它更像是与生命及生命的各种表现站在相反的位置。精神(Geist)不但包括有"理性"这种以观念来思考的能力的工具;并且也有直观本质(Wesengehalten)和一些如善意、爱、懊悔等意志及情绪活动的能力。舍勒把关联着心或精神层面的活动中心称为"人格"(Person),而且,人格必须与他称为"心灵中心"(psychical centers)的其他生命中心分别开来。

心的领域是自由的领域,是不依赖于机体生命的自由,不受冲动束缚的自由,不受动物所深陷的环境束缚的自由。也就是说,人能够对生命及其生命冲动说"不"。人能操纵冲动到某些方向并引导它们。而动物将其环境体验成抗拒和反应中心的系统,动物携带这种环境结构,正如蜗牛到处都要背负它的壳一般。但是人的心以及"人格"是具有将这些环境的抗拒中心转变成"客体"(objects),以及将封闭的"环境"本身转变成开放的"世界"的能力。

不同于动物,人类还能对物理的、心理的经验加以客体化。动物会听会看,但不知道是什么;它甚至完全根据其环境中事物所发出的吸引力和嫌恶来经验其冲动。因此,动物有意识,但没有自我意识;它不是自己的主人。只有人,是唯一能够成全其为自己,并且还能超越世界,甚至超越自己的存在。人之所以能够如此,是因为人不但有灵魂(anima),并且也有人格。

在舍勒看来,人格与行动不可分地相连在一起。人格不是行动的一个空洞的出发点,它只有存在和生活于意向活动的实现中。这些活动包括感觉、嗜好、爱、恨、景从、认可、拒绝等,而且都与价值有关。然而这些活动不仅具有价值感,而且也是揭示价值的活动。胡塞尔曾指出有一类完全独立于认知主体而与实际客体一样的理想知识对象。舍勒将这种洞见当作一条新路径,用以通到尼采相对主义及康德形式主义两者都不能接受的领域中去,即是用到揭示具体价值领域中去。舍勒认为,价值是感觉的意向对象[1],但就其本身来说则完全不同于感觉自身的状态。价值是先天的、客观的、永恒且不变的。它们在视觉中,并经由视觉

---

[1] Alfred Schütz 应梅洛-庞蒂之邀,为其主编的《著名的哲学家》(Paris: Lucien Mazenod,1956)一书而作的 *Max Scheler: 1874—1928* 一文,后收入 *Alfred Schütz, Collected Papers Ⅲ* (The Hague: Martinus Nijhoff,1966)。中文载于 A.Schtüz:《马克斯·舍勒三论》,江日新译,台北:东大图书公司,1990 年。

而给予我们。以价值为对象的知觉模态以及价值间的永恒秩序都是超越了理智的掌握;理智对于价值好比是耳朵无法看到颜色一样。心灵的情绪面并不建立在逻辑推论上,并且完全独立于逻辑并为伦理学所接受。舍勒跟帕斯卡一样,主张一种先天的"心的秩序"(ordre du coeur)或称"心的逻辑"(logique du coeur)。

在最后的岁月里,舍勒在《人在宇宙中的地位》中提纲挈领地阐述了他的"人的形而上学"的理论构想。舍勒从人与上帝的关系来界定人的位置。舍勒坚信,人的位置绝不在生物冲动、心理能量、强力意志的序列上,也绝不在单纯的理智和观念的序列上。即人的定位既不在自然生命之中,也不在纯粹精神之中。人的本质及人可以称作他的特殊地位的东西,存在于所有我们可以在最广的意义上称之为生命的东西之外。人是超越的意向和姿态,是祈祷的、寻求上帝的本质。

天不假年,舍勒最后未能完成他的写作计划和"人的形而上学"理论建构,我们只能通过细读《人在宇宙中的地位》这部提纲挈领式的讲演录,来体味舍勒的哲学人类学的宏大构思,去寻找关于人的定位的那个"没有定位而趋向于定位"的"动姿性的X"。

五、中国读者阅读舍勒必须跨越两大障碍

中国读者阅读舍勒的著作,除了舍勒涉猎驳杂以及普

遍缺少"宗教经验"之外,还须要跨越两大障碍:一是舍勒哲学整体架构,尤其是后期哲学架构的"片段"感;二是德语独特的表达形式及德语哲学著作的"艰涩"风格。

先说舍勒哲学整体架构的"片段"感。一方面如弗林斯所言:"从对舍勒哲学开始研究一直到现在为止,我们在不同场合都用的是'片段'一词,目的是要说明,舍勒在很多领域的研究都没有完成。特别是他计划中的著作——《哲学人类学》和《形而上学》也都只是一些片段,因为他还没来得及完成它们就去世了。"[1]阅读舍勒,必须正视这些"片段",并特别要对这些片段的性质加以考察。

对于"片段"而言,所有的片段中缺少的部分都应当属于这个片段;同时,所有缺少的部分也属于现有的片段。因此,当我们阅读舍勒的片段式的哲学,乃至舍勒的"片言只语"的时候,我们需要想象和推理它"消失不见"的整体的特征和现象。在此意义上,舍勒的哲学尤其是后期哲学必须通过尽可能多的片段加以充实才能成为一个整体;我们必须把这些片段和追求完整化的整体联系起来加以理解。换句话说,整体也想通过这些片段找回它失去了的部分。

当然,我们要避免一种先入之见,先在地承认有一个"完整的舍勒"存在,然后利用各种片段去拼贴出一张整体

---

[1] 《舍勒的心灵》,[美] 曼弗雷德·S.弗林斯著,张志平、张任之译,上海三联书店 2006 年版,第 257 页。

的图画来。是清晰地存在,还是模糊地存在,或者并不存在一个"完整的舍勒",还得片段说了算。同时还得小心始终存在的"过度诠释"①舍勒的危险。不管是哪种情形,我们阅读和把握《人在宇宙中的地位》,终究是为了更好地追求和显示《哲学人类学》和《形而上学》的整体感,因此必须拓展把握一些相关片段,诸如绝对时间、观念的性质、进化、精神的结构、元物理学(meta-physics)、元生物学(meta-biology)以及冲动、形而上学(metaphysics)、存在的基础和死亡等,加以必要的关注和研习②,以及必不可少的现象学观念和方法。

另一方面,如倪梁康所言:舍勒是一个率性而为的哲学家,他似乎对自己的作品很少雕琢,写下之后便不再去摆弄,手忙脚乱地去面对另一个论题。"如果胡塞尔是在耐心追踪和记录思想,海德格尔是要求自己和他人静静地等待思想的来临,那么舍勒就是无奈地被诸多的思想所追逐,它们使他疲于奔命。这种理论思维者的实际个性常常会妨碍理论思维者的理论构设和理论陈述。"③这种个性,即便是在

---

① 《情感的语法:舍勒思想引论》,张任之著,中国社会科学出版社 2019 年版,第 12 页。
② 可以重点阅读《舍勒的心灵》之"第九章 上帝、世界与人类的生成"。《舍勒的心灵》,[美]曼弗雷德·S.弗林斯著,张志平、张任之译,上海三联书店 2006 年版,第 254—307 页。
③ 《伦理学中的形式主义与质料的价值伦理学》,倪梁康译,商务印书馆 2017 年版,第 1016 页。

舍勒生前出版的最重要的著作《伦理学中的形式主义与质料的价值伦理学》中也十分凸显：虽然舍勒强调现象学"对体系的意愿"的合理性，反对片段、零碎的"连环画现象学"，但同时又将该书"整体的布局缺少清晰的透明性"的缺憾归咎于该著作是讲座文稿性质，从而本身给人以某种"连环画现象学"的印象，即思路是连贯而逻辑的，但总体的安排是凌乱而含混的。这几乎成了舍勒著作的基本风格，在《人在宇宙中的地位》的前半部分表现得尤其明显。这个缺憾将一再地伴随着我们对舍勒的阅读。

其次，德语习惯带给中国读者的阅读挑战。在很大程度上，正是德语独特的表达形式，造就了德语哲学著作的"艰涩"风格。当然，这种艰涩同时也被普遍地认为是一种最正宗的"哲学味道"。

还有一个舍勒本人的写作语言符号特征对阅读构成的影响。舍勒在写作时特别喜欢使用引号、括弧说明和插入说明。这种喜好其他德语写作也常有，舍勒尤甚，给本来就已经很困难的文本理解增添了阻碍。如果在阅读中，尤其是初次阅读中受此困扰，最好的处理办法是直接跳过这些"添加物"，等理解了句子的大意之后，再回头慢慢接受舍勒的这种个人喜好。

贰　原著导读

《人在宇宙中的地位》版本复杂。本文将以李伯杰翻译的《人在宇宙中的地位》(刘小枫校,贵州人民出版社2018年第三版)作为读本。该书脱胎于舍勒于1927年4月28日所作的题为"人的独特地位"的报告,在收入会议论文集时,因为版面问题,文稿有所删减。在舍勒生前出版该文稿的特印本时改题为"人在宇宙中的位置",其后玛丽亚·舍勒于1947年出版了修改版,但并未对修改做出说明。在收入《舍勒全集》第九卷时,弗林斯以玛丽亚·舍勒于1947年出版的版本为底本,未恢复舍勒生前授权发表的版本。本文采用的读本,便翻译自《舍勒全集》第九卷。据说中山大学正在编辑的《舍勒全集》中的《人在宇宙中的地位》,采用的是2018年由Wolfhart Henckmann[①]主持编辑出版的新考证版,其中列出了舍勒生前授权发表版本与玛丽亚·

[①] Wolfhart Henckmann 是国际著名的现象学专家、国际舍勒研究的权威、德国当代著名美学家、德国慕尼黑大学荣休教授,曾长期担任国际舍勒协会主席、德国美学会主席。出版著作多部,在国际现象学界,特别是舍勒研究界有着十分广泛而重要的影响。

舍勒编辑版之间的差异,并将舍勒最初讲演稿的分段、导论等相关文稿作为附录,同时增加了大量编者注和长篇编者引论。①

《人在宇宙中的地位》包括一前言、一导论、六章。在"Ⅰ 心—物存在的次序"中,舍勒从与动植物相比较出发,探讨人的本质问题。舍勒依据当时生物学、心理学等方面的科学研究,提出在生物、心理领域内,存在着由低到高的四个等级:植物就具有的感情冲动,动物开始有的本能,高等动物才有的联想的记忆和实践理智。在"Ⅱ '人'与'动物'的本质区别"中,舍勒认为决定人的本质的原则是"精神",并从自由、对象化的能力和自我意识三个方面阐明了精神的本质,强调精神是纯粹的活动性。"Ⅲ 正在观念化着的本质认识作为精神的基本行为"中,舍勒发挥了他的现象学基本观点,认为"现象学还原"不仅是把握本质的方法,更是扬弃"抵抗"的方法,是人("生命的禁欲主义者")的从生命到精神的升华活动。"Ⅳ 关于人的'消极的'和'古典的'理论"和"Ⅴ 身与心的同一:笛卡尔批判"中,通过批判主张精神全能的古典人论和主张精神产生于禁欲的否定人论,舍勒探讨了精神和冲力在自然、人、历史和世界根据中的关系。"Ⅵ 论人的形而上学:'形而上学'与'宗教'"是

---

① 《情感的语法:舍勒思想引论》,张任之著,中国社会科学出版社2019年版,第71—72页。

舍勒的哲学人类学向形而上学的过渡,表达了他的形而上学的基本观点:人和上帝的同生共长。

众所周知,舍勒计划中的主要著作《哲学人类学》和《形而上学》都只是一些"片段",《人在宇宙中的地位》正是这些"片段"中的片段。对"片段"的细读,必然需要面对"未完成著作"的种种问题。片段意味着意义的缺失和整体的隐藏。我们在阅读中难免凭借对片段的掌握,去猜测整体的种种可能。这将极大地增加我们的阅读难度。

一、《人在宇宙中的地位》的主题思想

《人在宇宙中的地位》所围绕的中心问题,就是人是什么,以及人在世界中有何等地位。从社会背景来说,这和20世纪初期欧洲资本主义危机有关。第一次世界大战摧残了人类精神文明。魏玛时期,随着工业化过程及其物欲横流的消费倾向,使得欧洲哲学家意识到发轫于希腊文化的欧洲文明的日暮途穷,陷入深刻的危机。人们对许多过去一向认为不可动摇的"价值"观念、道德伦理观念发生了根本的怀疑,乃至对理性本身失去了信心,对人的本质及其存在的意义提出了疑问,从而不可避免地向哲学家们提出了根本性的问题——人的本质是什么?人在宇宙中的地位是什么?这一系列的问题迫使舍勒去思考,去探索。

提出这种哲学人类学问题的直接背景,也和人类学各

分支的迅速发展有关。人类学是研究人的横断学科,它主要集中在对人(类)的生物性与文化性的研究上。人类学这个名词最早出现在文艺复兴时期,源于希腊语词汇ánthrōpos(人类)与lógos(研究),经结合,创造了的新拉丁词汇anthropologia(人类学)。在18世纪早期,人类学这个词语开始出现在英语与法语中。在理论上,19世纪的生物进化论给人类学的发展以革命性的推动,20世纪的精神分析学给了人类学以新的启迪。而舍勒在该书中所提出的哲学人类学思想,就是试图把上述经验科学对人的理解同对人的哲学思考结合起来,为人在宇宙中的特殊地位和完整形象提供统一的哲学说明。

《人在宇宙中的地位》通过人与各级生物的对比,提出了人的特殊本质在于人所具有的精神结构。在前言中,舍勒提出,他在该书所要阐明的哲学人类学主题,就是人是什么,人在存在中占何等地位。他的目标是以与神学、哲学和自然科学传统不同的新方式,在各种关于人的学科所获得的巨大知识宝库的基础上,发展出一种关于人的存在的新观念。舍勒认为,这三种传统与其说是更多地说明了人的本质,不如说是更多地掩盖了人的本质,因此,关于人的本质问题比以往任何时候都显得更加突出了。舍勒指出,所谓人是什么的问题,是要说明人相对于动物而言的本质。在这方面,存在着两种不同的人的概念:一种是将人作为隶属于动物的一个特殊分支,另一种是将人作为与一切动物相对立的一种存在物。舍勒主张采取第二种人的概念,并通过对人和生物的心理结构的分析,证明人具有与动物不同的特殊地位。

舍勒首先分析了各种生物的心理结构。它将生物心理形式的发展分为四个阶段。第一阶段是"感觉欲望"阶段,其主要体现便是植物。在这个阶段,感觉和欲望尚未分离开来,没有意识,没有表象,只具有单纯的趋近和避开两种状态。在植物身上,只存在包括在感觉冲动中的对生长和繁殖的一般欲望。它表明生命在根本上并不是尼采所说的权力意志。生物心理形式的第二发展阶段被称为"直觉"。这里的直觉是一种行为,是感性的,具有固定不变的节奏,并总是针对典型的、重复出现的情况。它是天生的、遗传的,而不是由学习而来的。第三阶段的心理发展形式是"联想记忆"。这个阶段的生物通过尝试和条件反射过程,以有意义的方式持续和缓慢地改变着自己的行为,出现了所谓的"习得的"行为。这时,整群动物学习领头动物的所作所为,并把它传给下一代,导致了传统的出现。第四种心理发展形式是仍受有机体约束的实践理智。这种智能使生物能够不依赖于以往的尝试次数(试错)而去解决由本能欲望所决定的任务,并开始具有选择能力和选择行动。一些高级的动物已具有一定的智能,因此智能并不像传统的理智主义哲学家所认为的是人所独有的。

舍勒认为,人并不是一种更高级的动物,并不是生命的一个新阶段。局限在心理学和生理学的范围内，把人的本质说成是具有比上述四个心理阶段更高的心理和活动功能或能力，是不恰当的。使人成为人的是一种全新的本质，它不是自然生命的进化，而是遵行与生命相反的原则，它就是精神。精神这一概念在外延上包括了理智、思维以及善、爱、后悔、敬畏、怨恨、恭敬、幸福和绝望等等意志行为、情感行为和自由决定在内的某种直观。在内涵上，精神具有"自由性"、"自我依赖性"、"不能对象化"及"自身孱弱"四大基本特征。

"自由性"是指人的存在不再受有机体的约束，不再受本能的制约，从而使他能独立于环境，把环境变成对象，向世界开放。动物只能按照自己的生理和其间接形态的特点，按照本能和感觉结构来测量环境的结构。它根据欲望目标的方向作出反应和改变环境，并随着环境的改变而改变心理生理状况。与此不同，具有精神的人的行为动机独立于本能冲动和由本能冲动所决定的外部感觉环境，要求直观对象的真实本质和纯粹的存在。他从人格出发去克制，或开放被克制的本能冲动，他的行为可以向世界的各个方向无限扩展延伸。人是一个能无限地向世界开放自己行为的未知数，人的形成是依靠精神力量提高到世界开放性的过程。

"自我依赖性"是指人依靠的是自己的精神力量。精神的出现不仅使人把环境变成对象，而且也把自身的生理和心理素质、心理体验和活动功能都变成对象,形成了自我意识。这进一步使人的环境和人的心理过程二者之间的因果关系也变成了对象。因此,只有人才具有鲜明的事物范畴和实质范畴,使各种感觉能在同一的现实核心上联系起来,使各种现象能够集中到同一个具体事物上,从而形成一个统一的空间。也只有人才能够超越自己,超越作为生物的自身,能够对自己的存在予以嘲讽和幽默,从仿佛时空性世界的彼岸出发,把一切,其中包括自身,变成自己的认识对象。

"不能对象化"是精神的第三个特性。精神是唯一自身不能对象化的存在。因为精神的中心人格既不是具体的存在,也不是物的存在,它只有在精神行为的自由进行过程中才有其存在,它是一个自身不断发生的行为秩序结构。它只存在于其行为之中,并通过行为才表现出来。人只能通过跟踪精神行为来获得有关精神的部分知识,就知识的精神而言,获得其本质秩序的部分;就爱的精神而言,获得其客观价值秩序的部分;就作为意志的精神而言,获得其世界进程的目标秩序部分。

最后,"自身孱弱"是精神的第四个基本特征。这涉及精神与本能的关系。精神一方面使人从本能的束缚下解脱出来,使人能够把与情感直接相联系的现实非真实化,能够对现实世界的真实性有力地说一声"不"。在这个意义上,舍勒认为"人是那种能够依靠自己的精神,面对激烈的生命而在原则上禁欲地行为的生物",是"能说'不'字者",是"反对一切赤裸裸的真实的抗议者",他从不满足于周围现实,总是贪婪地去突破此时此地此状的局限,努力去超越自己周围的现实,包括自身的自我现实。但另一方面,精神的表现活动又要受到本能的制约。因为精神在其纯粹的形式中本来完全没有任何力量,它的活动能量必须靠禁欲的升华来提供。精神的存在并不依赖于本能,但精神的能量化却要靠对本能的抑制来提供。然而,也正是精神的存在才导致了对本能的抑制。这样,人的精神和意愿总是意味着引导和控制本能,精神的行为必然始终具有生理和心理的平行联系。

根据这种精神和本能的二元论的分析,舍勒批判了自然科学中的进化论、传统哲学中的机械论和活力论对人的本质的解释。首先,他认为进化论将人作为生命进化的高级阶段是不恰当的。人不是以直线方式从动物中分离出来。人的特征并不是具有更高的生理功能或心理能力,而是在于根据其精神而活动。精神使人和动物根本区别开来。其次,哲学上的机械论忽视了生命范畴的特点,也误解了精神。哲学上的活力论则过高地估计了生命原则的范畴,贬低了精神的作用。舍勒认为,人的本质只能通过对人本身的分析才能理解。人本身包含着精神和生命这一更高的、更深刻的矛盾,只有通过对人的精神和本能的相互对立和相互转化关系的理解,才能真正把握人与动物的区别,把握人的本质,了解人在宇宙中的地位。

舍勒为什么要在哲学、社会科学的诸多领域搞突破性建构,到现代之后的哲学、伦理学、社会学、人类学中搞批判性重建?舍勒思想的这些作为,不过是要收拾现代启蒙运动搞出来的精神秩序的烂摊子。同时,舍勒竭力以建构哲学人类学来阻挡启蒙思想的推进,也恰恰表明他对现代性的拒斥和反驳仍然带有妥协的一面[1]。舍勒思想的最大意义,在于身陷"绝望之谷"而出离绝望。这对欧洲思想的发展具有决定性的意义,对我们从现代性思想的艰难处境中吸取学术思想经验何尝不具有现实和历史意义。

小而言之,《人在宇宙中的地位》加速了人类学的发展,代表着现代哲学人类学的开端,后来的哲学人类学家都将舍勒提出的纲领作为实现的目标,即建立人在宇宙中的特殊地位,描绘人在世界中的完整形象。

二、"前言"和"导论"

舍勒说,自从他的哲学意识觉醒以来,诸如"人是什么?人在存在中的地位是什么?"之类的问题,就一直萦绕在他的心头,并且比任何问题都更强烈、更集中。对于舍勒而言,"人是什么"的问题,是哲学的戒律,也是所有把人作为研究对象的科学的基础。譬如,生物学、医学、性格学、心理

---

[1] 《舍勒思想评述·中译本前言》,刘小枫著,华夏出版社2003年版。

学、人种学、社会学、历史学等学科纷纷介入对人的研究。这个问题涉及人的形而上学的、心理的、物理的以及精神的起源,探讨人的基本趋向及其生理的、心理的、社会的和历史的法则。在最近的一二百年里,欧洲的哲学已经越来越明显地集中关注这个问题。而且,人不再被理解为实在之上的存在。由于人的理性,人可以把实在作为研究对象来理解和把握,而且把自身构想为理智的、心理的,尤其是情感的存在这一整体性的一部分,并且本质上存在于这一整体性特征之中。也就是说,舍勒时代的形而上学已经转向人类学的形而上学,关于"人是什么"的问题已经脱离片面地强调人的理智的"前康德式"的人概念了。由于哲学与科学的广泛研究活动,为对人的"活力"层面的真正评价提供了可能性。这是舍勒的幸运。

(一)《哲学人类学》写作构想

一直以来,围绕这些问题的解决,舍勒做了大量的准备。真正把解决这些问题提上议事日程,并着手写作《哲学人类学》这本书,大致开始于1922年。遗憾的是,直到1928年病逝,舍勒也未能完成该书的写作。

【001】尽管《哲学人类学》尚未成书,但其基本框架和主要内容是可寻觅和预见的。

1927年4月舍勒在达姆斯塔特市[①]"智慧学派"会议上所作的报告《人的特殊地位》可以看作是《哲学人类学》的纲要。这个报告于1928年以《人在宇宙中的地位》为题出版。除此之外,还可以通过以下几个方面窥测舍勒对《哲学人类学》"这个宏大对象的看法发展的步骤"。

其一,论文《论人的观念》(首次发表在杂志《神学和哲学论文集》1918年号上)、《道德建构中的怨恨》,均收入舍勒论文选集《价值的毁灭》(第一卷)。

其二,部分著作中的有关段落,如《伦理学中的形式主义与质料的价值伦理学》(尼迈尔出版社,哈勒,第三版)中关于实在经验论和感觉论、论否定自然主义关于人的理论、关于情感生活的层次问题、关于人格的段落,以及《同情的本质和形式》(波恩,柯亨出版社,第三版)论及人的情感生活的特殊性诸段落。

其三,关于人与历史学说和社会学说的关系,可参阅《人与历史》(载于《新瞭望》杂志1926年11月号,1928年出版单行本)和《知识的形式与社会》(新思想出版社,1926年);关于人、知识和教育的关系,可参阅《知识形式与教育》(波恩,柯亨出版社,1925年)。这些文献在《人在宇宙中的

[①] 德国中西部黑森州的著名科技文化城市。哲学家凯瑟林伯爵(Hermann Graf Keyserling 1880—1946)在此创立名为"智慧学派"的自由哲学协会,旨在通过多元文化尤其是对东方文化的整合来促进个体对宇宙和自我的认识,以拯救处于困境中的西方和人类文化。

地位》中被反复提及和引用。

其四,有关人的发展的可能性,可参阅题为"谐调时代中的人"的报告。

其五,1922年至1928年间,舍勒在科隆大学所做的关于"生物学的基础"、"哲学人类学"、"认识论"和"形而上学"等方面的讲座。

舍勒认为,他所倡导和引领的哲学人类学的研究,已经广受学界关注,已经成为当时德国最热门的哲学研究话题。并且超越了哲学界,引起了生物学家、医学家、心理学家和社会学家的广泛关注和研究兴趣,各领域都在致力于描绘人的本质构造的新图景。但是,关于人自身的问题的认识总体上是不够的,其研究还需要不断摆脱对神学的、哲学的和自然科学传统的依附,同时在各门不同的科学业已取得的有关人的单项知识的大量宝藏的基础上,创造出一个人的自我意识和自我观照的新形式。这可以看作是《人在宇宙中的地位》的写作初衷,也是创构哲学人类学的宏大目标。

(二)"人"的观念

【002】我们有三种互不相干的人类学:一个自然科学的、一个哲学的和一个神学的,却没有一个统一的关于人的观念。而研究人的各种科学尽管与日俱增,却未能照亮人的本质。鉴此,探讨哲学人类学势在必行。

在导论的开头部分,舍勒写道,在受过教育的欧洲人心中,提到"人"的时候,他的头脑中几乎总是会浮现出三个彼此完全不可调和甚至相互冲突的观念范围:

第一个观念范围是犹太—基督教传统的关于亚当和夏娃,关于创世、天堂和堕落等的思想范围。

第二个观念范围是希腊—古典文化的思想范围。在这个思想范围里,世界上有史以来第一次人的自身意识上升到了人的特殊地位的概念,并且归结在这样一个命题中,即人之所以为人,乃是因为人具有理性(Vernunft),即 logos, phronesis, ratio, mens,①等等。逻各斯在这里为了把握住一切事物的"本质"(Was),既指语言又指能力。与这种思想紧密相连的,是这样一种学说,认为有一种超人的"理性"为宇宙之基础;普天之下万物生灵中,只有人分享了这种理性。

第三个观念范围是自然科学和发生心理学的思想范围。这种观点认为,人不过是地球发展的一个后起的最终结果。也就是说,人是一种存在物,与他在动物界中的前形式相比,只是在能量和能力的混合的复杂程度上有所不同而已,在较人类低级的自然界中就已有这种能量和能力的

---

① 这几个词的意义相近,都表示理性、精神。其中 logos 为希腊语,意为"世界的普遍性规律"。phronesis 源于希腊语的拉丁词汇,意为"精神"。ratio 原为希腊语,含有"计算"的意思,引申为合乎逻辑的理智。mens 是拉丁语,指与物相对的心智、精神、头脑等。

混合出现。

这三种观念范围之间,缺少任何一种统一性。由此我们便有三种互不相干的人类学:一个自然科学的、一个哲学的和一个神学的。研究人的各种特殊科学与日俱增,层出不穷,但是无论这些科学如何有价值,它们却掩去了人的本质,而不是去照亮它。

此外,这三个观念范围今天已受到强烈的震撼,其中,以达尔文主义关于人的起源问题的解答为最。可以说,在历史上没有任何一个时代像当前这样,人对于自身这样地困惑不解。舍勒说,正是由于这个原因,他才着手在最广阔的基础上,对哲学人类学作一个新的探讨。

【003】《人在宇宙中的地位》的主要内容,就是通过与动物和植物比较,讨论人的本质,以及人的形而上学的特殊地位的要点,并点明部分哲学人类学的研究结论。

舍勒认为,"人"这个词、这个概念,已包含着一种扑朔迷离而且不易察觉的二重意义。不弄清这种二重意义,根本就不可能着手处理人的特殊地位的问题。

这个语汇一则应说明人的形态上,作为脊椎—哺乳动物纲的一个亚类所具有的特征。不言而喻,那个被称为人的生物不仅从属于动物的概念,而且在动物王国里也只占据了按比例看极小的一角。尽管林耐[①]把人称作"脊椎—哺乳动物系之冠",也改变不了人的处境,因为这个"冠"一如任何一事物的冠一样,仍旧从属于它为之"冠"的那个事物。"人"的概念把人的直立行走、脊柱的改变、头盖内趋向均衡、大脑的高度发达,及由直立行走而引起的器官的变化,譬如腾出了大拇指可反扣的能抓东西的手,及颌骨和牙齿等器官的退化等,总汇为人的统一性。

但是"人"这个词却又全然不受这个概念的束缚,在日常语言中,而且是在一切文化发达的民族里,它描绘着一种全然不同的东西。要找出第二个有类似的二重含义的词,在人类语言中几乎是不可能的。"人"一词应当说明人们用以与"动物"针锋相对的一切事物的总体概念,当然也与所有哺乳—脊椎动物截然相反;犹如纤毛虫之于吼猿,尽管毋庸置疑,被称作人的生物同黑猩猩在形态上、生理上和心理上的近似程度,远远超过人及黑猩猩同纤毛虫的近似程度。

显然,"人"的第二个概念必定有着与第一个概念截然不同的含义,有着完全不同的起源;第一个概念仅仅说明脊椎动物门中一个小小的角落,而恰恰是第二个概念才是人的本质概念,因为它赋予人一个特殊地位,任何一种有生命

[①] 卡尔·冯·林耐(Carl von Linné,1707—1778):也译成林奈、林内。瑞典自然学者、博物学家,双名法的创立者,现代生物学分类命名的奠基人。

的物种的任何其他特殊地位都无法与之比拟。

第二个概念究竟是否具有这样的权利,这就是《人在宇宙中的地位》的主题。

三、心—物存在的次序

舍勒将人归于生命有机物种,并从"自然人"的角度加以描述,认为人与其他生物一样,以对周围环境的适应为其生存基础。同时,又将人区别于其他生物物种,描述人之精神性的存在,有其他物种所不具备的对冲动的抵抗,以及对象化的能力,因而人具有自身意识,有能力将生存环境转化为"世界"。舍勒认为,只有仔细考察了生物物理世界的总体构造,才能明了人的特殊地位。生命伴随着心理活动的力量和能力,一般而言,心理活动的界限也就是生命的界限。舍勒不同意笛卡尔[①]的只有动物甚至只有人才有心理活动的说法,也不同意无机物也有心理活动的说法。生物跟非生物最大的不同,就在于它不仅是外在观察者观察的

---

① 勒内·笛卡尔(René Descartes):1596 年 3 月 31 日生于法国安德尔-卢瓦尔省的图赖讷(现笛卡尔,因笛卡尔得名),1650 年 2 月 11 日逝于瑞典斯德哥尔摩。法国哲学家、数学家(解析几何之父)、物理学家(折射定律、惯性定律、动量守恒定律的推证者)。近代唯心论的开拓者,西方现代哲学思想奠基人之一,欧陆"理性主义"先驱,主张"普遍怀疑""我思故我在",是一个二元论者以及理性主义者,他的哲学思想深深影响了之后的几代欧洲人。

对象,而且生物本身也具有一种"自为存在"和"内在存在"的功能。生物能够在这种存在状态中觉察自身。可以说,生物的自为存在和内在存在正是其本质特征。这个特征,也是生命的共同性。

舍勒围绕感觉欲求、本能、联想记忆、实践理智等四个关键词,提出了生命在心理活动力量和能力上的四个等级:具有感觉冲动的植物,具有灵魂形式本能的动物,和具有习惯的理智的联想记忆能力,及受有机地约束的实践理智的高等动物。这四个生命层次为人与其他生物部分具有或全部具有,属于人的生命总体范畴。

(一)感觉欲求(植物)

舍勒区分了"欲求"中的"感觉"与"冲动"。"感觉"没有意识、感受和想象,"构成了那个客观上(向外)表现为'生物'、主观上(向内)表现为'灵魂'的心理现象的最低一个等级"。"冲动"具有方向性和目的性,在渴求某物。他进而指出,不可像费希纳[①]那样认为植物已有"感觉"和"意识",更

---

① 古斯塔夫·西奥多·费希纳(Gustav Theodora Fechner,1801—1887):德国物理学家、哲学家、心理学家、美学家。心理物理学的主要创建者,实验心理学的先驱。在哲学上费希纳是一个唯心主义泛灵论者,他认为凡物都有灵魂,心和物是不可分的,心是主要的,物只是心的外观。他对心与物做了精确的数学测量并试图确定它们的关系。主要著作有《心理物理学纲要》《论心理物理学》《心理物理学意义》。

不可视此二概念为心理之最基本成分。若以"生物所具有的一种特殊的反馈的概念"来定义"感觉",那么植物没有感觉,此已超出植物的生存状态。也就是说,"关于我们在动物身上称作本能生活的东西,在植物中不过是包括在'感觉欲求'中的一般的生长欲求和繁殖欲求……故而植物所缺少的是一个整体,一个从植物的存在—结构来看完全清楚、显而易见的整体欠缺。"

【004】植物有感觉欲求,那是客观上作为"生物"、主观上表现为"灵魂"心理现象的最低一个等级①。

感觉欲求没有意识、没有感受和想象,是最低一级的生命、心理(灵魂)现象。在欲求中"感觉"与"冲动"未加区分,还是一种混一状态。尽管如此,冲动却为生命、心理和思维活动提供了能量,为生命的最低级形式提供了一个方向性和目的性,从而让最低级的生命也能渴求养料、性的满足;从而确保即便是植物,也在思考"向哪里去"(譬如趋向光亮),以及"离开某处",并传达一种没有客体的欲和没有客体的苦。

---

① 舍勒在此使用了一个词"气"(der Dampf),并将其描述为"给最纯洁的思维活动和光明的善最温存的行动提供活动能量的气"。舍勒的"气",与亚里士多德的"德性"、阿那克萨戈拉的"努斯"存在渊源关系。

通常所谓活着的事物是以自我运动、自我分化和自我限制为特征的。生命存在不仅与它们之外的客体世界保持联系，而且也总是与舍勒的"内在存在"相联系。内在存在是一种具有其自身的状态，一种趋向其自身的存在状态。生命现象是自身存在的一种心理方式，它与无生命的原始状态相反。这种内在存在以不同的方式在生命的不同层面显现。生命存在的最低层面是展示一种非特殊的、无差异的、盲目的"冲动"。

舍勒关于生命在自然中的地位的形而上的思考就是基于"冲动"或"全体生命"这一概念的，这也是最基本的"实在"。冲动是一种生命动因，既是指向有机自然界的"活力中枢"，也是指向无机自然界的"力量中枢"。或者说，在舍勒看来，由于冲动的融合贯通作用，有机体和无机体之间不存在二元论，而是两者相互渗透。与无机界的力量中枢相对立，有机界的活力中枢是自发的运动。它们在各自的环境世界中有节奏地生长。冲动的最低层次与物质之间甚至没有明确的界限，因为力量中枢和活力中枢只是冲动的不同展示。冲动假定了所有实在。

舍勒认为，冲动是全然无意识的，因而没有内在的或外在的感觉。这种冲动表现为一种缓慢的"接近"和"远离"，比如接近光。这是植物已有的生命特征。同时，正是"气"存在于所有的生命根基中，将所有的生命推向最高显现，并赋予生命一种普遍存在的生长运动特征。[①]

【005】植物因缺乏一个神经中心而缺乏感觉,无法使器官的瞬间状态反馈到中心,也不能借助这种反馈调节下一个时刻即将出现的动作或状态。植物也因此不具备学习的能力。

舍勒不认为植物已经具有灵魂的变化,他反对费希纳关于植物具有感觉和意识的说法。植物没有特殊的由外界刺激而引起、向刺激源产生的运动,也就是说,植物没有感觉,没有最起码的反射弧,没有联想和条件反射。不能把植物的生长运动与感觉器官主导的运动混淆。

植物只具有包括在感觉欲求中的一般的生长欲求和繁殖欲求。生命的本质并不是尼采的"强力意志",从植物可以清晰地证明这一点。植物完全不是自发地去觅食,也无法主动地选择配偶。植物不占有动物那种自发的位置运动的活动空间,没有一个运动着的行动伴随,不具有特定的感受、特定的冲动,没有联想,没有条件反射与真正的力量系统和神经系统。植物只要拥有上述功能之一种,必然拥有另外一种,进而具有全部功能。也就是说,植物是缺少一个

---

① 参见曼弗雷德·S.弗林斯《舍勒思想评述》,王芃译,华夏出版社 2003 年版,第 19 页。

整体,或者说是一种"整体性欠缺"。植物总体上缺乏器官向某中心的反馈或返回自身的逆转,甚至极微弱、极原始的反射都没有。而只有在感觉的简单反射中,或者在对原始的自发运动哪怕只是偶然出现的抵抗中,才产生意识。植物之所以可以没有感觉,或根因于植物的此在的基本形式。一切意识的基础都是痛苦,一切较高级的意识的基础必是不断上升着的痛苦。植物能够直接从无机物里加工制作其所需要的一切有机的建筑材料,没有此在的痛苦,并因此不必产生意识。

舍勒认为,在高等动物身上,由淋巴结对大脑产生的刺激可以是最原始的感觉,既是器官感觉的基础,又是产生于外界事件的感觉的基础,这就是生物所具有的一种特殊的反馈。生物借助这种反馈,把刹那间器官和运动的状态反射回到一个中心,进而调节下一时刻即将发生的运动。在反馈所规定的意义上,植物没有感觉,也没有一种超出植物的生存状态对于植物的全部史前史的依赖性的特殊"记忆"[①],不具有最简单的纤毛虫纲动物已证实具有的奇特的学习能力。

【006】植物的此在以滋养、生长、繁殖和死亡(不含

---

① 植物,或许在某种意义上可以看作是一直睡着的,永远醒不过来、从未醒觉的动物。

种系的延续)的形式展现出来,并已出现表露的元现象,但植物完全不具备发送信息的功能。

"植物(性)的"一词所指的生命本质,是一种外向的欲求,没有"生命返回自身的逆转"。植物还缺少生命的"醒觉"状态,"这种醒觉是从感觉的守护者作用中生长出来的"。个性化、时空意义上的完整性,也远远亚于动物;缺乏集中化,因此并不适用于机械论生命观。相比之下,随着"动物体内部分器官的反应的独立性的增长",其"动物躯体的某种类似的机械结构也一同增长"。

所谓植物表露的元现象,指的是植物内部状态的某种相,或疲软,或有力,或充裕,或贫乏。舍勒认为,表露是生命的一种元现象,却不是达尔文所认为的返祖的种种有目的的行为的集合。植物完全没有发送信息的各项功能,没有感觉的意识,缺少任何生命的"醒觉"状态。而所有动物都具备发送信息的功能,并因此而规定动物之间彼此的交际,从而使动物尽可能不依赖对于它性命攸关的事物的直接的在场。人则以表现和发送信息的功能为基础,具有了描绘和指称符号的功能。

植物所缺少的醒觉,是从感觉的守护者作用中生长出来的。除此以外,植物的个性化,以及植物在空间上和时间上的完整性的程度,都远远低于动物。但是,植物给形而上学意义上的生命的统一性提供了保证,在高于动物的程度上为一切具备生命的形式构成的物种逐渐变化的特性,提供了完整的质料和能量综合物的保证。

在舍勒看来,感觉经验总是与一种生命存在能够进行的繁复多变的自发运动相一致。然而,在植物生命中,生长能量或者说冲动以一种中性的、盲目的内在性而生存。植物总体上是无感觉的,如同处于睡眠状态的动物。有趣的是,从器官的构造和功能来看,动物的植物神经系统最主要的作用是调节营养的分配;人体内的植物神经系统就是人体中现存的植物性。植物神经系统通过调节和控制能量,使人处于或睡眠、或清醒的状态。在一定程度上,睡眠是人身上比较具有植物性的状态。

【007】生命尚未被认识的根里,有一个按照美学的方式建立起规律的原则神奇地游戏着,比起动物丰富的形式和颜色来,植物叶状部分的形式更急迫地指向这个原则。

由于植物类生命缺乏集中化,尤其是因为植物没有一个神经系统,植物器官之间的功能相互依赖性远比动物更强烈。由于传导刺激的纤维组织系统的原因,任何一个刺激都能改变整个生命状态,其程度也比动物身体反应更强烈。比较而言,群居动物所遵循的先遣队和随从、示范和模仿等至关重要的二级原则,在植物这里不存在。这与动物体内部分器官的反应的独立性的增长有关,即动物神经系统集中化程度越强,动物器官反应的独立性越强。随着这一关系的进一步加强,动物躯体的某种类似的机械结构也一同增长。这是机械论的生命观所无法解释和容忍的。

感觉欲求作为生命的最低级现象,在人身上也还存在。人几乎汇集了生命的所有本质存在于一身,并且就本质范围而言,人体现了整个生命存在法则的最高统一。无论是感觉,还是简单的知觉或者想象,其中都离不开朦胧的欲求。欲求的火焰无时无刻不在愉悦着这些感觉,甚至是感觉、知觉和想象的存在基础。最简单的感觉,都是某种本能注意力的功能,决不仅仅是刺激的结果。

舍勒给出一个关于主体的说明,"欲求同时也体现了人的所有被肢解开的各种欲和内心冲动的统一性……除此以外,在人身上构成原始的抵抗体验的主体的,也正是感觉渴求"。主体是统一性的根,是一切"实在"和"现实"存在的根;现实本身作为实际事物的"实际存在"以一种抵抗体验为我们接受。舍勒在《劳动与认识》《实在的问题》等论著中认为,这个抵抗体验的主体,是一切"实在"和"现实"存在的根,特别是统一性的根,是现实的一切展示前导印象的功能的根。除了现实的种种存在之外,想象和间接思维无法给我们指出任何别的事物;现实本身是以一种夹带着恐惧的普遍抵抗以及抵抗的体验,为我们所接受。现实本身因此是实际事物的"实际存在"。

(二) 本能（动物）

"在生命的客观次序中,继极度亢奋的感觉欲求而来的,是可描述为生存的第二级、灵魂的形式的本能。"至此,舍勒决定摒弃心理学概念,以生物"行动"为本能下定义,这意味着不可将行为形成的过程,包括在行为当中。同时,行为也是内在状况的表露,因此可以也必须从生理学和心理学同时作出双重解释。

舍勒将具有以下特征的行为,称为"本能的":(1)合逻辑,有目的;(2)内含节奏,其时间形态的各部分互为依存(例如动物为越冬而备粮);(3)"只对那些对于种系生命有意义而对于个体的特殊经验没有重要性的典型性循环往复的场合有效",即种系服务性。这种种系服务性,"一般情况下都是通过它的各种本能与环境结构的联系先验地掌握和规定了的",来自动物的记忆再生产。

舍勒指出,正如我们所见,人的本能极不发达。本能行为是与前知识和行动不可分割的统一体。与感觉欲求相比,本能虽然是在环境中以类的方式频繁地循环往复出现的,但也只是以特定的组成部分为行动准则。本能就是感觉欲求及其质的不断增大的专门化。

【008】在生命的客观次序中,继极度亢奋的感觉欲求而来的,是生存的第二极、灵魂形式的本能。

对生命的观察进入到动物层面,舍勒选择了对"本能"实行描述。舍勒避免给本能下定义并且仅限于描述性的分析,认为本能是一个究其指向和意义都极有争议、极其含混的词。本能明显地区别于理智,是各种情绪性预先感知即将到来的某物的生命价值的能力。作为一种特殊的冲动,本能被导向环境的特殊部分,并且选择一种有节律的途径,比如动物身上的性本能。舍勒试图摒弃心理学层面的意义,单纯从生物行为层面来描述本能,目的是尽量避免本能概念的含混性。生物的行为,可以是外部观察和可能做出的描述的对象。处在构成环境的成分不断变换中的这种行为,却不受载负这种行为的运动单位的约定,这是可以确定的。

行为在心理物理学上是一个中性概念,舍勒认为,任何一种行为也总是内在状况的表露。行为因此可以也必须从生理学和心理学同时做出双重解释,侧重一方而不及另一方都是错误的。在这个意义上,舍勒将某些行为所具备的特征称之为本能。

本能具有某种程度的盲目性,即使是在动物从未曾遇到过的个别情境中,这种本能也是势不可挡的。动物受本能驱使,无法抗拒本能。因此,本能的控制机制和组织构造是固定的、静态的。作为一种天生的遗传性质,本能还排斥"学习"的必要。在舍勒看来,本能并非根植于感觉经验之中,而仅仅是通过感觉经验的激活而产生。本能的性质决定一种动物可能具有某种感觉,或者说,动物受诸本能与各自环境结构联系的制约。因此,动物反而往往阈限于某种特殊的环境之中。

【009】本能的主要特征可以概括为:首先,这种行为必须是合乎逻辑的;其次,这种行为遵循一种有节律的、固定的和无变化的轨迹;第三,这种行为并非根植于感觉经验,而只是由感觉经验所释放;第四,这种行为隶属于物种,既是天生的又是遗传的。

本能行为合乎逻辑,即不论是具有积极的意义,还是毛病百出甚至愚昧的,它对于一个生命载体的整体或别的生命载体的整体而言,都是合目的的。或为自己服务,或为异己服务,二者必居其一。

本能必须按照某种时间形态的节奏进行,这与联想、训练、习惯等运动(行为)不一样。后三者遵循的是一种被称为"尝试与谬误"的原则。譬如一只动物为了越冬或产卵会做好充分的准备,尽管它作为个体还从未经历和体验过类似的场合,甚至也不是因为来自同类其他个体的信息、传统、模仿与效法。这只动物的行为,与量子理论观照下的电子一样,它"仿佛"已窥测到了一种未来的状况而对照实行。

本能行为只对那些对于种系生命有意义、对个体的特殊经验没有重要意义的典型性循环往复的场合有效。也就是说,本能永远只为种系服务,不是自己的种系就是别人的种系,包括种系之间存在生死攸关的联系。本能行为不可能是对个体变换环境或个体特殊内容的反应,而是对与种系相关的某个特别结构、可能环境各部分的反应。舍勒借助法布尔[①]的研究成果得出结论,个体特殊内容的变更不会引动本能行为的跟进变化。

本能可以看作是一种行为能力,也是可以成为习惯的,是可驯化的和可以理解的,但是这种行为能力源自先天和遗传。当然,不是所有的先天性和遗传性都可以称之为本能行为。本能行为并不依赖于动物为应付一个环境所做的尝试的次数,也就是说,本能不需要成长过程,是不为而成的,其产生跟成熟同时发生。

借助于经验和学习,本能或许可以被专门化,如猎食动物天生具有猎取某一类野兽的本领,但却没有圆满进行狩猎的艺术。练习和经验所起的作用,一般只能相当于学会某一个旋律的不同变奏,而不是掌握一个新的旋律。动物的想象和感觉,受制于它的各种本能与环境结构的联系;动物的记忆再生产,也受制于占主导地位的"本能放弃",而联想结、条件反射和练习频率只是次要因素。

---

① 法布尔(Jean-Henri Casimir Fabre,1823—1915):法国昆虫学家,以研究昆虫解剖学及行为而著称。其代表作《昆虫记》,副标题为"对昆虫本能及其习俗的研究"。

【010】创造性的分离,而不是单个生物现象的聚合或综合,才是生命发展的基本进程。

与联想比较,本能是心理存在和变化的一种更原始的形式,不可能是以习惯和自我驯化为基础的行为方式的遗传。按照联想的规律产生的心理过程,在神经系统中的分布比本能行为方式要高级得多。大脑皮层的进化,在本质上支持了创造性的分离,而不是单个生物现象的聚合或综合。当然,本能的行为也无法用理智行为的自动化来解释。舍勒认为,单个的生物现象,如感觉和想象,从凌乱模糊的生物"结"以及"聚合关联"中摆脱出来,与冲动从本能行为的"感觉联合体"中摆脱出来一样,这种脱离也与生物的个体化、单个生物脱离类的束缚同步发生。同时,这种脱离也与生物所能达到的特殊环境的多样性一致。

对此,舍勒从生理学的角度加以论证。有机体的组织越是简单,有机体在生理上就越是不同于机制[①]。因为受死

[①] 机制:原指机器的构造和工作原理。生物学和医学通过类比借用此词,指生物机体结构组成部分的相互关系,以及其间发生的各种变化过程的物理、化学性质和相互关系。生物学和医学在研究一种生物的功能(如光合作用)时,常说分析它的"机制"。当中,"机制"这个概念用以表示有机体内发生的生理或病理变化时,各器官之间相互联系、作用和调节的方式。

亡和生物进化①的影响,有机体才借助繁衍,自己创造出一个在现象上越来越类似于机制的对象来。智力绝不是只在最高等的哺乳动物中才存在②,其实从最低级的纤毛虫纲中就已经存在了,而且是极其均匀、平行地发展成联想的精神生活的。

舍勒举例说,环节动物在形态上具有完全不同的、更加僵硬的组织基础,却拥有最完善的本能,极少发出某种理智行为的信号。人却正好相反,作为智力及联想记忆最发达的哺乳动物,人的本能极不发达。可见,本能行为呆滞的动物,智力却表现优异;本能表现自如的动物,智力发育却相对迟缓。舍勒认为,本能行为是与前知识和行动不可分割的统一体,所以知识的存在从来不会超出进入下一步行动的需要量。而且与本能一体的知识,与想象、表象乃至思维无关,只是受价值波动影响的一种抵抗所具有的感觉。

---

① 舍勒在原文中说的是"直到死亡和器官的细胞形态来临时"。"死亡"可以理解为,因为死亡而倒逼有机体繁衍下一代;"器官的细胞形态"可以理解为,有机体进化到了因细胞形态而影响和决定器官功能的阶段。由于细胞内在的结构和自身表面张力,以及外部的机械压力,各种细胞总是保持自己的一定形态。细胞的形态和功能之间有密切关系。例如,神经细胞会伸展几米,这是因为伸长的神经细胞有利于传导外界的刺激信息;高大的树木为什么能郁郁葱葱,这是因为植物内的导管、筛管细胞是管状的,有利于水分和营养的运输。
② 德国的精神病学家、心理学家卡尔·比勒(Karl Bühler,1879—1963)认为,直到生命的某个高级阶段才发展成联想的精神生活。卡尔·比勒以研究思维过程而著名,著有《思维过程的心理学论据和疑难》。

（三）联想记忆

本能的行为方式，分出"习惯的"和"理智的"两种行为，联想记忆即前者。作为限定，只有以条件反射相类似的心理状态，才是所谓联想法则。如同人的老之将至，纯粹的联想大概只在思想的高级因子的某些脱落现象中才存在。精神的想象过程在老化的同时，愈来愈接近联想的模式。总而言之，联想性是个暮年现象，这是记忆的原则。得益于此，联想原则的有效同时意味着本能及其"感官"方式的衰落。还说明，有机的个体愈来愈摆脱类的制约和本能所没有适应能力的僵化状态。舍勒认为，这是强力的解放工具，使高等动物脱离了冲动的本能。

【011】从本能的行为方式中产生出两种行为方式，即合"习惯的"行为与"理智的"行为。合"习惯的"行为体现了联想记忆，是继感觉欲求、本能之后的第三种心理形式。

联想记忆的能力并不为一切生物所拥有，植物就缺少这种能力[①]。判断生物是否具有联想记忆能力，得看这种生

[①] 德国生物学家艾瓦尔德·黑林（Ewald Hering, 1834—1918）认为凡生物都拥有联想记忆能力，而早在古希腊亚里士多德就已经指出，植物不具备联想记忆能力。

物的行为是否以同类过去的行为为基础,并以一种服务于生命的方式,缓慢地、持续地发生变化;生物的行为在这种反复多次的尝试和试验中,变得充满生命的意义和尺度。并且,某类生物具有的联想记忆能力,在任何个体身上都具有。一只动物之所以自发地去做试验性动作,其根本的原因不在记忆,而是起因于再生产所需的冲动(重复冲动)。动物的练习如果只涉及量的因素,其结果便只是个体的习惯的养成,是自我驯化或外来驯化。

植物生命之所以不具备联想记忆能力,是因为植物缺乏器官状况向一个"中心—感觉"的反馈。而所有记忆的基础,就是如巴甫洛夫所说的条件反射。也只有与条件反射相类似的心理状态,才是联想法则。从传感或运动的方式反馈的来自部分的新体验,想象的总复合体可以按照联想法则实现总体修复重建。例如,即便只是看见而尚未吃到食物,狗也会分泌胃液,形成完整的条件反射。舍勒进而认为,单个想象的绝对意义上的联想,只服从接触的法则(看见食物)和相似的法则(看见像食物的东西),即终结联想与原来的复合体局部同一的法则。

【012】精神的想象过程在老化的同时,愈来愈接近联想的模式,犹如文字、素描、绘画、语言在垂老之时生出的变化那样,它们全都得到一个拼凑上去的而非整体性的特征。

纯粹的联想只在思想的高级因子的某些脱落现象中才存在,例如处于心不在焉状态中的语言词汇的外部的音响联想。感觉在衰老过程中越来越与刺激成正比例,就像动物的有机体在生命的流逝过程中逐渐表现出相应的衰老特征机制一样,人的精神生命与联想行为也必然越来越走向和习惯的结合。

舍勒所谓的"暮年现象",还在《知识社会学》《劳动与认识》等多处提及,是从发生学的角度来归纳精神生命与联想行为的合习惯结合现象,即所谓"人越衰老,就越成为习惯的奴隶"。

舍勒认为,完全没有智力影响的联想几乎是没有的。从联想的偶然性反应向逻辑反应的过渡,与尝试的次数不是稳定、严格的正相关关系。在智力的影响下,和逻辑的联想既可能偶然发生,也可能按照盖然律[①]发生。

【013】联想记忆的原则在一定程度上早已在所有动物身上起作用,并体现为反射弧出现的直接后果,即传感系统与运动系统分家的后果。

通常而言,传感系统与运动系统区分越彻底,其各自的结构和功能就越复杂,联想记忆通过反射弧传播也越细腻、

---

① 盖然律,也叫或然率,都是概率的意思。

精确。譬如,本能动物的反射弧传播,就远不如哺乳动物和脊椎动物。联想记忆所关联的内心冲动,都与行动和运动的模仿相关。重复性的冲动,都是再生产性记忆的动力。而"模仿"和"照搬"不过是重复冲动的专业化。将模仿和照搬结合,传统惯例就产生了。

舍勒认为,传统惯例规定着动物的行为,为生物的遗传开辟了全新的一维。当然,传统惯例与人类所特有的历史回忆,以及基于符号、神话传说、文献的流传毫无关系。传统惯例不仅属于人类,也属于动物的群落、群体及其他社会组织。类的学习和示范,是形成传统惯例的重要原因。而人类的真正发展,似乎不是对传统惯例的遗传,而是在本质上建构在一种日渐增长的对传统惯例的破除(Abbau)之上。人类凭借对个别的、独立的事件的认知和回忆,消解传统惯例的影响。

传统惯例没有时间性,永远只是"当前的"(gegenwärtig),对当前的行动发生影响的。譬如,它是一种暗示(Suggention),一种对过去的一切抽去了时间性的联想记忆。舍勒认为,暗示是一种在动物世界里就已经广泛流传的现象,如催眠术一般。暗示作为一种传达,与一个基于理解判断的传达相比,只是一个初级现象。而关于有所指的、在一个语句中受到判断的事实情况的理解,只存在于人身上。破除传统惯例的影响,标志着人类历史的进步。这正是理性(ratio)的力量,不断地在同一个动作中把一个个流传下来的内容客体化，并因此对过去产生影响，逐渐建构起充满时间性的历史科学。就这样，在心理世界的构建中，联想原则的有效同时意味着本能及其"感官"方式的衰落；联想原则越有效，有机个体越来越摆脱类的制约和本能僵化的状态。个体则依靠这个联想原则，走向没有类的典型性的环境，逐渐摆脱本能而走向更多的个体自由。

【014】与本能相比，联想原则是一种强有力的解放工具。它创造了全新的一维，使生活变得更丰富成为可能。对于冲动也是如此。

联想原则介于本能和智力之间，它创造了全新的一维，使生活变得更丰富成为可能。在高等动物那里，性冲动完全摆脱了本能，不再受制于生命的再生产需求，而可能成为无节制（Maßlosigkeit）的快感源。只有当性冲动配合发情期的节奏需要时，性本能（性冲动）才是生命再生产的最忠实的仆人。一旦性冲动摆脱了本能的节制，日益变成快感独立自足的来源，性冲动有可能远远超出其存在的生物学意义。譬如，猴子和狗等动物的手淫行为。

性生活的本来目的完全在于行为方式和物质化利益，其快感只是一种精神的功能性喜悦，完全无关于情感。当性生活原则上已经被当作快感源甚至派生出情感时，生命的衰败便已成定局。因为目的纯粹在享乐的生活态度，不仅是个体生命也是群体生命明显的衰老现象。

舍勒所谓的"衰老现象",是指性行为中产生的状态快感,超出了维持生命再生产所必需的精神性的功能喜悦,分化成满足性欲的冲动,就是衰老现象。一旦沾染上了精神,强大的冲动必定孱弱化,生命便沦陷于衰老现象的趋向。

(四)实践理智(高等动物)

作为心理生命的第四种存在形式,舍勒说"我们把这种理智叫作实践的,因为它的终极意义总是一个行动,有机体便通过这种行动或达到或达不到其冲动目标"。这是对事实情况的洞见,是创造性的思维,而非再创造性的,因为"引起理智行为产生的原因,是周围环境的各个部分互相之间的由冲动目的挑选出来的事实联系"。舍勒引述了沃尔夫冈·克勒①对黑猩猩的实验,认为其证明了动物的活动并非全凭本能及联想,而在某些情况下已具备真正理智。动物身上的冲动动力,就是在动物身上开始客观化并扩展进环境各部分之中去的那个动力。但是,即使"动物不是一个冲动机制",动物行为具有这种理智性格,却依然无法在价值间进行取舍,而且不依赖单个的具体的物件。

---

① 沃尔夫冈·克勒(Wolfgang Kohler,1887—1969):出生于爱沙尼亚的心理学家,格式塔心理学的创始人之一。

【015】实践理智是继感觉欲求、本能、联想记忆之后的第四种心理形式,是一种属于高等动物的心理形式。实践理智能有效克制联想记忆,就在于与其相伴而生的,是在繁衍过程中对实物或同类的选择能力和选择行为,以及舍此取彼的取舍能力。

舍勒从行为学和心理学两方面给理智下定义。

从行为角度而言,一个生物如果无需进行尝试,或增加新的尝试,便可以在新的、既没有种系也没有个体典型性的内部环境面前,就能完成一个合乎逻辑的行为,并且是突发的,解决一个能动地规定的任务,不依赖之前已做过的次数,这个生物的行为便是理智的。这种理智也具有实践特性,其终极意义总是一个,有机体借此达到或达不到其"冲动目标"(Trieb-Ziel)。这种理智也是"狡猾"和"奸诈"的,也可能被人专门用以为精神目的服务。

从心理学角度而言,心理环境内部相互关联着的"事实情况"和"价值情况",既不是以直接可察觉的方式存在的,也从未被觉察到,即不是以生命再生产的方式可支配的;而理智就是突然爆发出来的对这种事实情况和价值情况的洞见(Einsicht)。也就是说,实践理智超越了过往所有的心理方式,可以直接洞见心理环境内部相互关联着的事实情况和价值情况,这种心理现象在高级动物之外是匪夷所思的。

很显然,理智出现的基础,是生命机制发生了根本性的变化，使一部分存在于经验中的"事实情况"和"价值情况"，以视觉观照的方式得以显现，从而使得这种新的生命机制看起来不是再创造的而是创造性的思维。理智便是以这种新的生命机制为基础，对一个事实情况早一步、新的、从未体验过的洞见。理智因此显得很狡猾、奸诈（prudentia, providentia[①]）。

【016】实践理智与联想记忆的区别是显而易见的：有待于理解把握的环境，即在行为中必须切实考虑到的环境，不只是对种系而言是新的和非典型的，而首先对个体也是"新的"。

实践理智是一种突发行为，与各种尝试和试验无关。舍勒引用沃尔夫冈·克勒"原来如此"的说法，来描述实践理智这样一种客观上有意义的行为所带来的"眼睛一亮"的效果。实践理智相对于以往的心理行为是一种突变，因此，不止实践理智这种行为是新的，也给促成其发生的环境和机制带来了"新变"。这种新变所产生的结果，就是舍勒所说的"新的想象"：如"相同的"（gleich）、"类似的"（ähnlich）、"相似的"（analog）与 X（未知数）的关系，以及为实现某种东西的媒介作用、某个事物的原因，等等。

---

① 拉丁文，意为老谋深算、深谋远虑。

舍勒认为，沃尔夫冈·克勒利用黑猩猩所进行的长期实验能够充分证明，黑猩猩具有最简单的理智行为。黑猩猩的突破，超越了一般动物的记忆和本能，达到了原始的推理能力的新阶段。实验中，在冲动目标（例如一些果实）与黑猩猩之间设置越来越错综复杂的弯路或障碍物，或者可作为工具使用的对象（例如箱子、树棍、绳子、可以堆成一堆的棍子，或者需要运过来垒成堆的树棍），然后观察黑猩猩是不是、是怎样及用什么推断的心理功能来达成其冲动目的，以此判断黑猩猩的工作能力的既定界限在哪里。实验证明，黑猩猩的处置行为超越了本能及附加的联想过程，进入到了真正的理智行为层面。

黑猩猩已经具备一种能力，对冲动目标和工具对象及环境已经能够形成相对抽象的轮廓，并初步形成了与行为的动态相应的特征判断，最终帮助黑猩猩达成冲动目的。黑猩猩能够超越"果子长在树枝上"的经验记忆，能够使用一切能够满足"运动和伸长"状态的想象的东西，拥有了"取用果实物体"的动态特征。

【017】动物身上的冲动动力，就是在动物身上开始客观化并扩展进环境各部分之中去的那个动力。动物不是一个冲动机制，在一切涉及情感的方面，馈赠、和解、友情及诸如此类的东西，在动物中都能找到。

沃尔夫冈·克勒的黑猩猩实验的意义在于,证明了黑猩猩这类高等动物在面对各种事物的时候,形成了一种视觉—环境场,并对其中的事物进行了简单的区分,判断哪些是冲动目标,哪些是接近冲动目标的功能性价值。黑猩猩显然不是受"因果现象"或"作用现象"的影响,因为因果现象无法指导黑猩猩完成对现象的有规律的排列;也不是通过有意识的反射行动发生的,因为它是通过环境状况本身的某种明显的客观的"位置改变"而产生的。"产生作用"(Wirken)的现象存在于把生命体经验过的冲动行为的因果关系,具象化到周围世界的物体的过程中,因此毋宁是一种"媒介状况"。此外,动物天赋与这种行为的巨大差别,也证实了黑猩猩行动的理智性格。

舍勒认为,那些认为黑猩猩没有选择行动的说法,以及黑猩猩只有面对更强的单一冲动才能驱使的说法,都是错误的。黑猩猩所具备的实践理智不是一个冲动机制。它的冲动冲量已经被严格规范和区分,并由冲动中枢自发地与其冲动状况衔接,以实现冲动的可控。黑猩猩放弃可以信手可得的利益,选择获取更难获得的更大利益,从而具备了价值选择的能力。黑猩猩已经不依赖单个具体的物件,而是在一切涉及情感的方面,具备从理智的方面着眼的心理行为和能力。正如舍勒所言,动物不是一个冲动机制,一切涉及情感的方面,馈赠、和解、友情及诸如此类的东西,在动物中都能找到。

四、"人"与"动物"的本质区别

舍勒逐渐触及核心问题,"如果承认动物也有理智的话,那么人与动物之间除了这个等级差别之外是否还存在更多的差别"?在这个问题上,舍勒拒绝以下两种说法:第一,误解本质区别,做出非法延伸,即"理智和选择为人具有而为动物所没有";第二,进化论者,拒绝承认人与动物的终极区别。为此,舍勒解释说:"人的本质及人可以称作他的特殊地位的东西,远远高于人们称之为理智和选择能力的东西,即便人们在量上随心所欲地设想自己具有无限理智和选择能力,人的本质仍旧不可企及。"这并非是心理学的,而是一种生命以外的原则,"使人之为人的东西,甚至是一个与所有生命相对立的原则"。希腊人以"理性"名之,舍勒代之以"精神",包含理念思维,以及对"元现象"或本质形态的观照,还包含情感、意志行动如善、爱等等。而"那个精神在其中,在有限的存在范围内显现的行为中心,我们要名之以人本身,以严格区别于一切功能性的'生命'中心。从内部来看,这些'生命'中心也叫作'灵魂'的中心"。

【018】人的本质和人们所说的人类"特殊地位",高于人们所说的智力和选择能力;即使人们在数量上任意提高理智和选择能力,人的本质仍旧不可企及。

在关于人与动物的本质区别上,舍勒明确反对两种观点。一种观点认为人与动物存在本质区别,譬如,人具有理智和选择的行为能力,而动物不具有。舍勒认为这种观点在错误的地方标注了所谓的"本质区别"。另一种观点认为动物也具有理智,因此人与动物之间不存在一个"终极区别"①,也不承认任何形而上学的存在以及任何关于人的形而上学。

舍勒认为,能够高标人的本质和人类"特殊地位"的东西,远远高于"理智"和"选择"能力等东西。从"感觉欲求"到"本能"到"联想记忆"到"理智与选择",每一个心理阶段都是需要跨越的、更高一级的、明显的进步。但是,这种秩序都不足为训。那个新的、使人之所以为人的东西,绝对不是延续已有的秩序的心理阶段,绝对不仅仅是一个新的本质阶段、一个在心理学范畴内被认识的属于生命力范围的问题、一个各种心理功能和能力的新的本质阶段。

使人之所以为人的新原则,无论是从"内在—心理"层面还是从"外部—活力"层面都超越了"生命"本身;使人之所以为人的东西,甚至是一个与所有生命原则相对立的全新原则。在这样一个新原则面前,人们绝不可能试图用"自然的生命进化"来解释。如果非得解释的话,应当把原因归

---

① 达尔文学派和拉马克学派的进化论者认为,人只是动物界的进化延续。

结到生命的最高原因——那个开启生命的原因上。这就是希腊人所谓的"理性"(Vernunlft),舍勒称之为"精神"(Geist)的东西。舍勒的"精神"包括了"理性",同时是对元现象或本质形态的观照,以及包含善、爱、悔、畏等情感和意志所产生的行动。精神一旦出现,便成为"人本身"(Person),以严格地区别于一切功能性的"生命";从内部观照,精神是灵魂的中心。

(一)"精神"的本质——自由、对象化存在与自我意识

精神本质的基本规定,"便是它的存在的无限制、自由——或者说它的存在中心的——与魔力、压力,与对有机物的依赖性的分离性,与'生命'乃至一切属于'生命'的东西,即也与它自己的冲动理智的可分离性"。精神对世界开放;"精神是实事性,是可由事物的具体存在本身规定的特性"。概言之,与人相比,动物的行为过程是:

T. [动物]⇌U. [环境]

而人可以面向世界:

M.(人)⇌W.(世界)→……

行为由上升为对象的观照结果的纯具体存在说明其理由,并且不受生理状况刺激影响,是自由地发自人本身中心的、受压抑的冲动刺激的阻碍或阻碍的排除,最终,一个事物的具象性以自我价值和最终的方式面向世界;换言之,将周围名词化为"世界",将"抵抗"转化为"对象",去"形象地"

把握世界。对象状态是精神的逻辑方面最形式化的范畴。自我意识是"自身会聚"的目的,是精神行为中心自身的意识——即意识到自己。舍勒以此表示人的地位,原始的冲动抵抗的聚精会神、自我意识、对象化的能力和可能性,构成一个独一无二的不可割裂的结构。只有人可以把自己从生活中抛离出来,具有保持连续性的意志。正如尼采所说,人是能够许诺的动物。

舍勒讨论本体论时指出,每一个实体单位知识相对于一个对其他实体产生影响的规定的合法性时,才是实体。而生命体则是"自己限制自己的 X"。植物有其内在状况,是第一次回复自身;动物已具中心反馈区域,是第二次回复自身;人在自我意识和他的全部心理过程的对象化能力中,则已第三次回复自身,所以人身上的人本身必须被设想为一个远远超越有机体与周围环境的对峙的中心。这是一部阶梯,元存在着的存在越来越高,一步步转回到自身,最终完全占有和认识自己。

【019】精神生物不再受欲望和环境的束缚,而是独立于环境。这样的生物可以使他的环境的原始给他抵抗中心和反应中心作为对象,并在原则上掌握这个对象的存在,并且是无限的。

为了推出"精神"这一概念,舍勒给予了前所未有的、浓墨重彩的铺垫和渲染。舍勒说:"我们且把一个特别的知识功能放在精神这个概念的顶端,这是一种只有精神能够给予的知识类型;于是,'精神'本质的基本规定便是它的存在的无限制、自由——或者说它的存在中心的——与魔力、压力,与对有机物的依赖性,与'生命'乃至一切属于'生命'的东西,即也与它自己的冲动理智的可分离性。这样一个'精神'的本质,不再受本能和环境的制约,而是'不受环境限制的',如同我们所要说的,是对世界的开放(Weltoffen)。"

在舍勒看来,精神本质拥有世界。

本来人的精神也被赋予了对环境的"抵抗"和反应中心,但人并未像动物般欣喜若狂地消融其间,而是把这些中心上升为"对象"。因此,人与动物的本质区别是精神的存在,它使人类生命摆脱冲动,摆脱对环境的依恋,与深受环境影响和制约的动物形成了鲜明的对比。人的世界的本质"所在"(So-sein)是一个对象(Gegen-stände)世界。动物没有能力把环境以自己的方式置于远离自己的地方,并把环境名词化为"世界";也同样没有能力把受情绪和冲动限制的"抵抗"中心转化为"对象"。这就意味着动物环境中的事物是中性的,因为它们不能被感知为这样那样的特殊事物,只能通过不同感觉的经验来感知,比如用触觉来感知高低或光滑。人类世界的事物则被客体化为不同的事物,而不是通过感觉经验。精神具有客体的纯然所在,它超越冲动和本能。

舍勒认为,精神具有实事性(Sachlichkeit),即精神可以通过事物的本质来确定。精神的实事性是精神的载体、精神与现实的在精神自身以外的原则交往。与动物相比,精神的本质在力度上恰恰相反。关于精神的本质,可以厘定三种确定性:

第一,精神由事物的内涵来决定,与受制于本能、冲动或有机状态的其他形式截然相反。

第二,精神以爱的形式导向世界(独立于欲望)。

第三,精神的最基本规定是具有区别"本质"(Wassein)与"存在"(Dasein)的能力。

【020】动物有意识,但没有自我意识。动物不能控制自己;不能控制自己,因此不能知道自己。

动物完成的每一个行动和反应,包括"理智的"反应,都是从动物神经系统的生理状况出发。那些为冲动所不感兴趣的东西,也就不存在;存在的东西,只是作为对于动物的要求和厌恶的抵抗中心而存在。动物生理—心理状况的开始,是动物对待其环境的行为的第一幕。环境结构与动物的生理、形态特点是协调一致的,与构成一个紧密的功能性整体的冲动和感官结构也是完全吻合的。动物在它的环境中所能抓住和注意的一切,都存在于其环境结构的安全的樊篱和界限内。动物对待其环境的行为的第二幕,与动物的环境变化相关。而环境的现实变化实质是它传导的冲动目的的反应。第三幕则是由此同时发生的生理—心理状况。

总之,动物生活在它们的环境中,这种环境只限于生物体的组织、结构及自然配置相关的环境。譬如,猫必须捉老鼠,这与猫是否饿无关,因为在猫的世界里,老鼠扮演的角色是固定的,猫不可能超越猫的世界。然而人的精神却能够超越任何环境而面向"开放的"世界,是自我意识的世界,不再受制于冲动和刺激。因此,人的世界是开放的。

人的精神世界是"所在"(So-sein)的客体化世界,即精神的相互关系是那些特殊的事物,而非来自中性的 X 的固定环境的动物冲动与本能。精神的内涵也意指自我的客体化世界。如前所述,植物生命仅仅具有中性的内在存在,动物生命则具有将感觉反馈到神经中枢的意识,即动物"第二次"给予其自身,而人却能够意识到世界和自我,成为"第三次"被给予的存在。

动物的所有活动源于它们神经中枢的生理和心理的组织和构造,本能和冲动决定了给予动物一种使它们得以保存的特殊环境。不同物种的生存环境因为其特殊的功能而可以有所差别。例如,就逃跑而言,树在鹿和猫的一生中一直具有持久的功用。树的"角色"通过一个物种的演化发展而被固定化进向达成共识。这种被固定化的环境,是指动物无法到达它的环境构造之外的世界,因而无法得到其环境构造之外的任何东西。

人因为拥有精神,有能力完成一个运行形式完全相反的行为。人的行为自由地发自人本身中心的、受压抑的冲动的阻碍或阻碍的排除,使环境事物的具象性以自我价值和最终的方式被体验到。人因此具有"面向世界"的能力,人的天性因此具有无穷的扩展能力,即已存事物的"世界"延伸到哪里,面向世界的能力就能扩展到哪里。动物则没有对象,它只是亢奋地生活,与它的世界融为一体。动物既不能把客观世界对象化,也不能把主观世界对象化。动物具有一个身体模式。与外界相比,动物的行为总还是兴奋的,即便在它表现得"理智"的场合,也依然如此。

精神的行动与动物身体先验模式及其内容的简单反馈相反,能够将行动和目的聚合,实现"自身会聚",这就是精神行为中心自身的意识,也叫"自我意识"。动物超越植物具有了意识,但动物没有自我意识。动物不占有自身,即不能支配自身,因此也没有意识到自己。人与动物之间的本质区别是本体论的区别,在精神与生命上是截然不同的,因为精神不受环境的阻隔。

【021】人就是那个其行为无限"面向世界"的未知者。动物则没有对象,它只是亢奋地生活,与它的世界融为一体。精神本身不可能是这个客体化世界的一部分,也不可能是作为客体事物意义的客体本身。

有一种新的、独特的结构,基于原始的冲动抵抗的聚精会神、自我意识、对象化的能力和可能性,构成一个独一无二的不可割裂的结构。这样的结构,只是为人所特有。人凭借这一结构,具备了"人之所以为人"的第二个本质特征:人不仅能够把环境扩展进世界并加以对象化,而且能够把自己的生理的、心理的状态与任何单个的心理体验重新作为对象来对待,从而实现把自己生活对象化的能力。只有这样,人才能把生活从自己中解构出来。也就是说,人不仅在其社会生活和历史中形成自身的环境,并且使用人工手段改变这种环境使人更加舒适地置身其中,而且,人能够以不同的方式来理解对象。譬如,一块石头,一个画家从审美的角度去理解,而对于一个猎人或地质学家则可能有截然不同的意义。人类的这种认识对象的动态本质,在确定人与动物的特殊差异时具有本体论的意义。

动物听到声音、看到图像,却不知道听到声音、看到图像。动物也体会不到它的冲动是它自己的,而以为只是从环境中的事物产生的动态特征和碰撞。动物的冲动刺激是经久不变的"意志",这个意志可以在动物的心理物理状态的变化保持连续性。动物可能经常去一个地方,却不是它本来"想要"去的地方。

人对于事物的认识,既不受冲动刺激的干扰,也不受感觉功能的阻碍,精神是开放的世界及其万物的最高存在。精神使人高于世界,高于人自身的存在。有一个原则贯穿舍勒的理论建构——既然包括人在内的全部事物被提升为客体,精神本身就不可能是这个客体化世界的一部分,也不可能是作为客体事物意义的客体本身,因为精神的存在是使某一事物成为客体的行为,是使世界在时间和空间上上升为客体化物的一种行为。因此,精神的基础或根源不可能存在于客体世界中,只能存在于宇宙自身的最初定律中。

(二)各"精神"范畴的例证:物质;作为"虚空"形式的空间和时间

形象把握世界后,便有"物"和"物质"的范畴,此为人之独有。舍勒认为,这背后是"一个真正的世界空间,即不以动物自己的位置运动为转移并保持其安定的背景的特性的空间"。动物无法脱离周围事物的既定内涵,但人却可以。然而,空间和时间的虚空是先行的基础的;人们却将自己心灵的虚空(欲望期待无法满足)视为无限虚空,这是自然世界观的大错。人不是这样超越世界的,而是在对包括自我的一切对象的认识过程中,通过具象化实现的。因为行为从某个中心出发,而"这个中心只可能存在于最高的存在理由本身之中。所以,人是比他自己和世界都优越的存在物"。

这同时是精神的第三个重要规定:"精神是唯一能使自身成为对象的存在。"这个规定实际上潜在地假定,存在不依赖人的意识而自我实现着的思想秩序,"作为元存在的一个定语"。我们的思想和行为,皆由此本质联系为基,"只有依靠共同完成才可参与这一个超单数的精神的行动"。

【022】在某种顺序上,自我集聚状态和行为的可能性是人类在所有外部感觉之前的时空直觉的根源。

人超越了高级动物,完备地拥有了"物"和"物质"范畴。舍勒举例说,猴子平时只吃剥了皮的香蕉,若得到香蕉,它会自己先剥皮再吃;当人们把剥了一半皮的香蕉递到猴子手中,猴子却避而不取这只香蕉。例子中的猴子显然缺少一个中心,进而能够从中心出发,把它的从视听嗅等功能中分别感受到的物体,与同一个具体事物、与一个同一的"实在核"联系起来,最终拥有"物"和"物质"范畴。猴子的这一"缺少",让它"止步"于动物。

舍勒认为，人的空间观和时间观先于所有的外部知觉①，它的根位于一个规定秩序中的有机、自然的运动可能性和行为可能性之中。这或许可以称为人类最早的"虚空"，也是人的"心灵的虚空"。舍勒举例说，先天性盲人经手术治愈后，他能够把所有感官材料与头脑中先在的种种事物的特征联系起来，而不是把他所接受到的动觉空间、触觉空间、视觉空间、听觉空间等拼凑成一个新的空间观。他头脑中那些"先在的空间知识"，先于单个的事物以及对它们观察而赋予的统一的空间。更重要的是，这个先在的知

---

① 舍勒的立论与"先在的空间知识"的假设高度关联，但现代科学并不支持舍勒的这个先在假设。研究表明，即使对眼功能残损的先天性盲人和早期失明者实施"开眼手术"完全治好了眼睛，也不是手术后马上就能让他们看到。因为即使接收外界信息的眼睛痊愈了，处理该信息的大脑视觉区由于从未被输入过信息，所以很不发达。为了能看到，看的经验是不可或缺的。在获得视觉能力之前需要进行相当长的恢复训练。很多事例表明，先天性盲人在接受手术后的初期阶段，只能感觉到光的刺眼，却不能识别颜色和形状。而与颜色相比，学习识别形状则更加困难。另外，光还会扰乱视觉以外的其他感觉，甚至有已经复明却仍愿选择闭上眼睛不看的人。天生全盲者由于缺乏高度和距离的概念，所以没有远近感。还很难从三维物体中区分出二维物体。研究表明，人的大脑视觉皮层的临界期在出生后三四岁左右。从幼年开始就长期失明的人，即使成年后进行复明手术，也需要一年以上才能获得视觉。失明距出生越近，视觉模式越不发达，就越难以获得视觉。先天性全盲者大脑视觉区的信息处理机制很不发达，所以也无法通过从视觉以外的四种感觉捕捉到的数据构建视觉形象。

识把所有感官材料汇聚在一起,形成一个有秩序的世界。这是一种人类特有的自我汇聚的状态。这些先在的知识就像是空间和时间的"虚形式",人理解的事物和事件,无不纳入其中。

在从动物到人的过渡当中,无论根据时间还是空间来看,"虚"和"实"的位置截然颠倒。动物没有能力使空间和时间的虚形式脱离周围世界事物的既定的内涵,它完全生活在当时当地的具体现实当中。只有当转化为运动冲动的欲望期待,取得对一切知觉或感觉中的实际的欲望满足的优势,空间的和时间的虚空才成为一种先在存在——而这只能发生在人身上。这样,人便一无所知地把自己的心灵的虚空视为空间和时间的"无限虚空",仿佛即使没有任何物质存在,这个"无限的虚空"也依然存在。

空间和时间作为先在的虚空形式,只能从欲望的大大未满足来理解。在《伦理学中的形式主义与质料的价值伦理学》中,舍勒提出一种"抗阻"(Widerstand)现象,它只在一种意欲中以直接的方式被给予;抗阻就在于一种与意欲"正相反对"的倾向,在抗阻之中并只有在其中,对它的实践实在的意识才被给予。在《认识与劳动》中,舍勒明确宣称,实在存在不是作为智性行为相关的对象存在,而是作为反对纯粹意欲中的那种原初自发性的抗阻存在。这涉及舍勒后期思想的一个核心建构,即实在本身是通过抗阻而被给予我们的。抗阻发生在意识的每一个领域中,而且抗阻体验使意识领域被体验到。舍勒开显了一切生命本质现象中的抗阻体验,强调意识领域是先在的,即使它还没有被充实。没有所处身的领域,被给予的现象就不可能呈现出来。领域是被动的,它们并没有综合意识的主动性,只是纯粹先在地"在那儿"。

弗林斯根据舍勒的著作整理出13个意识领域①。在舍勒看来,没有世界的抗阻,世界或实体就都不能被经验到并且被给予。比如童话中的"极乐乡",那里的人们一切的希望、思考、意愿或欲求都能立刻得到满足,一切不希望的东西都能瞬间消失;一切意欲都是瞬间的,并与一个完全的充

---

① 曼弗雷德·S.弗林斯整理的13个意识领域包括:1.绝对领域;2.你—我关系或"与世界一道"(with-world),你先于我被给予;3.外部世界领域,它先于紧随其后的内部世界领域被给予;4.内部世界领域;5.生命性领域,它先于紧随其后的死的自然领域或无生命的自然领域被给予(例如,在喜欢玩偶的儿童眼里,洋娃娃也是"有生命的",等等);6.无生命之物的领域;7.与我们共同作为主体,也属于"与世界一道"的主体的外部世界领域,它先于紧随其后的"我"所知晓的外部世界领域而被给予;8."我"所知晓的外部世界领域;9.我自己独特的"与世界一道"的外部世界领域,它先于紧随其后的我自己与世界一道的内部世界领域而被给予;10.我自己"与世界一道"的内部世界领域,包括它的过去和未来,它先于紧随其后的我自己的内部世界领域被给予;11.我自己的内部世界领域;12.作为表情显现场所的有机躯体先于物质性的肉体或客体—躯体而被给予;13.物质性的肉体或客体—躯体。参见《情感的语法:舍勒思想引论》,张任之著,中国社会科学出版社2019年版,第47—48页。

实相合。也就是说,在极乐乡根本不存在抗阻,因而没有包含现在、过去和未来的时间流,也就没有什么被给予,从而不是实在的。

于是,我们不禁回头去看,深知那感受冲动是心理的最低级阶段,却拥有把一切推向精神活动最高点的力量;是无意识的、无感知的和无表象的,植物和动物均有的,在人中是每一原初抗阻体验的主项。

【023】精神是唯一能使自身成为对象的存在。它是一种纯粹的活动,只能存在于其自由实施的活动中。

当科学的观念被确立起来之后,人们才发现自然的世界观存在的问题。科学观认为,空间和时间只是事物的秩序,只是事物位置和延续的可能性,若在空间和时间之外,独立于它们,则什么也不存在。人在科学中学会了用他自己和整架物理的和心理的机器,越来越广泛地计算,给自己描绘出一幅世界的图像。这幅画的对象丝毫不依赖人的心理—物理组织、人的感官和感官的界限、人的需求和需要对事物的兴趣,即在人所有的位置、状态和感官体验的交替中保持不变的对象。人,只有人,能够自己超越自己,从精神(一个中心)即空间和时间的彼岸出发,把包括自身的一切,变成他认识的对象。

人通过完成某些行为,把世界和自身和心灵都具象化。

人完成的这些行为,都是从精神出发,而精神本身不是这个世界的一部分,也不可能有任何确定的空间和时间特征;精神只可能存在于最高的存在理由本身之中。所以,人是比他自己和世界都优越的存在物。作为这样一种存在物,人有能力进行反讽和幽默,他们包含了对自己的具体存在的超越。

康德用"知解"(Cogitare)一词来说明超验的纯统觉的学说,他说知解"是一切可能的经验以及经验的一切对象的条件",从而澄清了这个新的统一本质。康德把"精神"置于"心理"之上,并断然否认精神只是一个所谓心理物质功能群的说法。

至此,舍勒在"对象化存在"与"自我意识"之后,归纳了精神的第三个重要规定,精神是自由的存在,是唯一能使自身成为对象的存在。精神是纯净和纯粹的现实性(Aktualität),精神只存在于其自由行为的过程中;无自由,无精神。

> 【024】精神的中心,即人本身,既不是对象的也不是物的存在,而只是一个时刻在自己身上产生着的(本质规定的)行为的秩序结构。

精神不可以对象化,这是肯定的。心理的存在是一个"处在"时间中的事件序列,心理存在"自己本身"不能产生。但是从精神中心出发,可以在原则上观察这个事件序列,并能将其对象化。然而,我们只能把自己聚拢起来,汇集成为一个"本人"的存在,却不能将自己这个"本人"对象化成为客体,包括"精神"也无能为力。这也是肯定的。

对人本身的把握,只能通过"模仿"或"认同"来实现。即通过"模仿"并共同遵循人本身的自由行动,把自己与一个人本身的愿望、爱以及由此及于人本身的一切予以"认同"。

舍勒认为,如果假定有一个"思想秩序"能够不依赖人的意识而自我实现,并把这一思想秩序作为元存在的定语,那么势必要坚持思想与行动不可分离这一基础,进而设定一个"超单数的"精神。于是,人只能依靠"共同完成"(Mitvollzng)才可以参与超单数的精神行动。照这个思路推导下去,必然走到自奥古斯丁以来便有的"本体事物的观念"(ideae onte zes)的观念哲学假设上去,即承认有一个"预备"及创世的计划先于世界的现实存在。舍勒认为这是不可接受的。观念不是先于、不是在事物之中和之后存在,而是与事物共同存在,而且只能是在不间断的世界实现的行动中,才能产生于永恒唯一的、超单数的精神。

五、正在观念化着的本质认识作为精神的基本行为

以观念化的行为来理解精神,舍勒例举了佛陀[①]圆觉、

---

① 可参见原著中文译注。小乘佛教指佛,一般是用作对释迦牟尼的尊称。大乘佛教除指释迦牟尼外,还泛指一切觉醒圆满者。

笛卡尔"蜡喻",强调先验知识的性质,进而指出,"这个把本质与此在分离开的能力,构成了人的精神的根本特征。这个根本特征乃是人的精神一切别的特征的基础";复引康德,强调该理性组织之不易。舍勒提了一个假说,设想"行为的构造导致观念化的行为",这会不会更有益于对人本质的理解？柏拉图"灵魂回忆"、胡塞尔"现象学还原"皆有此意。然而,舍勒批评胡塞尔认为"抑制(即舍勒所谓强有力的'非也',把世界非现实化、观念化)存在判断;相反,它的意思是尝试着扬弃现实因素,把现实因素非虚无化,把……那个'对尘世的恐惧'消除掉"。逻辑上相反地,此在即"抵抗","非现实化的苦行行为只能存在于那个生命欲的扬弃之中,存在于对它的力量的剥夺中"。舍勒意味深长地总结道:看来,人是"能说非也者",是反对单纯现实的永恒浮士德。

【025】概念化并不取决于我们的观察结果的规模和数量,也不依赖于智能处理的归纳推理,而是通过一个涉及把握世界基本特征和结构形式的基本范围的例子。

在精神的作用下,环境的冲动联系被切断,洞察因此成为可能,现存事物诸有机印象的缺乏揭示了事物纯粹的本质。这样的洞察,对于一切偶然的客体和事例始终是行之有效的。舍勒认为，本质的知识是先验的(a priori)；否认在人身上有先验知识存在的人，不知不觉地使自己成了动物。

人类精神存在于揭示本质存在(Was-sein)的特定行为中，理解精神的特点和特性，需要结合一个特定的精神行为，即"观念化的行为"(Akt der Ideierung)来进行。这是一个与所有技术性的理智完全不同的行为，舍勒称之为"观念化"(Ideierung)。譬如，一个人手臂疼痛，这可能是这个问题的对象，即引起疼痛的原因是什么，以及如何解除疼痛。但是，这一特定的疼痛可能也是一个事实的例证，即这个世界展示了"疼痛"现象的在体表现形式，这个世界原本就是被疼痛、恶俗和不幸所覆盖。同时，这一特定的疼痛也揭示出这样一个问题：这一世界出现这种现象是如何成为可能的。疼痛，在这样的外表下，是一种客体化行为的相关物，它进入世界的在体结构，即超出了知觉和感觉的限度，以及科学可以观察可以测量的实在。在这种情况下，对世界本质结构和本质特征的认识，可以从某个世界区域(生物体)的某件事例中获得。

舍勒举例说，佛陀圆觉的故事为观念化行为提供了一个例证。佛祖出家之前是一位被隔绝于深宫的王子，某日他看见了一个穷人、一个病人和一个死人，他立刻将偶然看到的、此时此地此方式存在的事实，当作世界本质状况的佐证。正如笛卡尔想用一块蜡来弄清实体及其构造的本质①。这就是精神才能发出的特定行为,观念化行为。还有几乎全部的数学行为,几乎都可以为观念化行为提供贴切的例证。数字3是独立的客体,是脱离了其他可能的客体和实际的例证。这种脱离在非感觉的、非矛盾的多方面关系中被X、Y、Z等等符号化了。对全部可能的世界都有效的相关洞察是先验的洞察,这种洞察在科学上是公理,在哲学上其对象是绝对存在的可能的认识和通向绝对的窗户。② 因为每一个理性在世界上找到的真正的本质,或某个这类本质的此在,都不能用有限种类的经验原因来解释。这个本质只能为唯一的超单数的精神所有。

作为精神的特定行为,观念化就是不依赖我们所作的观察的数量、不依靠归纳的结论,从一个有关的存在域得出世界的本质的构造形式。这样获得的知识,可以无限广泛地适用于具有相同本质的一切可能的事物,其有效性也超出了感觉经验的阈限。舍勒说,这种情况学院派称之为"a priori",即"先验的、演绎的、从纯理性出发的、纯概念

---

① 笛卡尔的做法与儒家的"格物致知"相类。"格物致知"语出《礼记·大学》,但《大学》未做具体阐释,其他先秦典籍中也未见此语。朱熹将"物"解释为"天下之物","即凡天下之物,莫不因其已知之理而益穷之,以求至乎其极。至于用力之久,而一旦豁然贯通焉,则众物之表里精粗无不到,而吾心之全体大用无不明矣。"朱熹主张通过究察事理从而获得知识。

② 参见曼弗雷德·S.弗林斯《舍勒思想评述》,王芃译,华夏出版社2003年版,第25页。

的"意思。

【026】把本质与此在分离的能力,构成了人类精神的基本特征。这是人类任何其他精神特征的基础。

舍勒认同莱布尼茨的说法,人的本质不在于有知识,而在于有先验知识,或者说有能力获取知识。而康德把先验的知识与形式、理性的自发性、普遍性以及必然性联系在一起,即把先验知识与理性的一种恒定的结构等同起来。舍勒则坚持认为,理性服从历史的变化,只有它具有思维、直观和评价等形式的能力才是恒定的。

舍勒提出,要更深入地进入人的本质,就必须设定是"行为的构造"导致了"观念化的行为"。人有意识或无意识地实施着一种扬弃现实性格的技巧,动物则完全生活在具体之中,生活在现实之中。面对具体的空间和时间,面对现在和这里,面对所有现实的现象及其联结,人却可能扬弃现实性格,说出一个强有力的"非也"(Nein)。所谓观念化,是精神的特定的行为,是对客体实在的取消,它直接导致本质经验。精神因此是一项"新东西"(novum),与冲动、本能以及习得智能迥然不同。精神否认现实,从而进入先验本质。所以舍勒说,佛陀领悟了这一点,于是旁观任何事物,都是极其愉快的;而本质上,任何事物都是苦的、可怖的。柏拉图领悟了这一点,所以把理念概观与灵魂对于事物的感性内容的拒绝联系起来,与灵魂进入自身联系起来,以便找出事物的"本源"。胡塞尔领悟到了这一点,所以把理念认识与"现象学还原"联系起来,对世界中的事物(偶然的)此在系数进行"删除"或"加括号";"还原"就是正确定义人的精神的行动。

那么,什么是先验知识?

舍勒说,我们将所有那些观念性的含义集合和定律称为"先验的",这些含义集合和定律通过直接地直观内涵而成为自身被给予性。它并不顾及任何一种对思维主体及自然属性的设定,也不顾及任何一种可为它们所运用其上的对象之设定,以及通过直观的内容成为自行给予的命题。这种先验不存在对思维主体及其自然属性的设定,也不顾及对一个可为它们所运用的客体的设定。

本质既非个别属性亦非普遍存在。本质只有在不同的客体中均被发现才是普遍性,只有当它只能在一件事物中被发现时才是个别性。舍勒的基本立场是:实在是作为抵抗的经验而存在于人的活力层面;事物的"真实",它们的存在,以及在感性知识中给予的此时此在的所在,被本质认识扔在一边。这就是为什么在幻想的客体中也能表现本质认识的原因。知觉、回忆、思维及所有可能由感觉引起的行为,能给予的包括事物的所在和此在。其中,此在给予我们的,是对已开发的世界范围的抵抗体验。这个抵抗只存在于我们追求着的、集中的生命欲之中。例如,一幅动物画描绘出生命存在的本质认识。但是所有这些并不意味着本质认识独立于经验之外,尽管它不依赖于归纳法以及经验的数量。因此,本质存在于归纳、观察和测量之前。舍勒说,一个冲动的馈赠,不论是要求还是厌恶,即使其使命只是达到最简单的感受,也必定同样存在;实在体验不是后于而是先于我们对世界的所有"想象"而存在。

【027】人的那个强有力的"非也"意味着什么?把世界"观念化"意味着什么?

舍勒所概括的"非也",是指人尝试着扬弃现实因素,把现实因素虚无化(annihilieren),或者说,把完整的、未分离的、强大的现实印象,通过与其情感关联的"对尘世的恐惧"消除掉[①]。如果此在就是"抵抗",那么从根本上说,"非现实化的苦行行为"只能存在于生命欲的扬弃之中,即存在于对生命欲的力量的剥夺和消解。

如此看来,生命是艰难的,令人毛骨悚然的;而人就是以苦行的方式来对待生命,以便在原则上能表现得特别地

---

① 舍勒认同席勒关于恐惧的相关论述。席勒在《论崇高》(*Of the Sublime*)中说:恐惧只"在纯形式下居住的地方"才消除掉。席勒用"二分法"对恐惧及随之而来的审美体验做心理学解释。他说,恐惧是我们面对不利的自然生存环境时,激起我们"保护欲望"以产生相应行动的一种天然防御机制。"当我们对眼前的危险无力抵抗时,恐惧便随之而来。因此,若某物的存在与我们的需求有冲突,而我们自身的力量又无法与之相对抗,那么该物体便是我们恐惧的对象。"不过,恐惧只会影响我们的感官,而不会支配我们的意志。

符合"苦行"的需要的那种生物。人压制、排挤自己的本能冲动,通过知觉图像和想象去扼制本能冲动。动物则不是这样。动物对现实的唯唯诺诺,即便在它厌恶和逃离时,对现实存在还是必须说"是的"。因此,与动物相比,人是能够"说不"的那个,是生命的苦行者,是"永远在反对一切单纯现实的抗议者"。舍勒说,动物的此在是形象化了的、为现实欲望的满足而不敢反抗的"小市民",而人是"永恒的浮士德"。人对所有新事物充满好奇,与周遭现实永不休战,永远在设法打破此时、此在、以此方式的存在及其樊篱,甚至对自己的自身现实也不会放过。人是"抑制本能者"①。

正是因为人能够抑制本能,人才能一方面通过观念的思维王国来构筑自己的知觉世界,一方面又给栖居于人身上的精神源源不断地输送当下被排挤开的本能能量。也就是说,人能够把自己的才能中的能量升华为精神的行动。

【028】人及其起源的不充分解说②。

至此,舍勒提出了人作为精神性存在的几个基本观点。舍勒绝非单纯将人视为精神性存在,或将人的本质特征减少至一个标准,哪怕是精神。舍勒是不断地试图把人作为整体

---

① 弗洛伊德在《超越快乐原则》中指出,人是"抑制本能者"。
② 参见曼弗雷德·S.弗林斯《舍勒思想评述》,王芃译,华夏出版社2003年版,第28—31页。

来把握。舍勒认为按照一成不变的狭隘的观点从哲学上给人下定义,或者从一两个方面来考虑人的问题,都是很危险的。

在舍勒看来,哲学史上诸如此类的狭隘不乏其例。譬如,"理性的动物"(亚里士多德)、"劳动的人"(柏格森、尼采)、"病态生命的人"(泛罗曼蒂克主义)、"超人"或"智人"(林耐[①])、"机器的人"(拉美特利[②])、"权力的人"(马基雅维利[③])、"受原欲支配的人"(弗洛伊德[④])、"作为社会经济存

---

① 卡尔·冯·林耐(Carl von Linné):见本书第74页注。
② 朱利安·奥夫鲁瓦·德·拉美特利(Julien Offroy De La Mettrie,1709—1751):法国启蒙思想家、哲学家、医生,早期为耶稣会牧师和圣奥古斯丁宿命论教义的信徒。后来讨厌神学转向医学。著有《心灵的自然史》《人是机器》等著作。从物质具有运动力和创造力的基本观点出发,批判地继承了R.笛卡尔的"动物是机器"的思想,进一步得出"人是机器"的结论。
③ 尼科洛·马基雅维利(Niccolò Machiavelli,1469—1527):意大利政治思想家、历史学家。其思想常被概括为马基雅维利主义。是近代政治思想的主要奠基人之一。他主张国家至上,将国家权力作为法的基础。代表作《君主论》等。他把政治学当作一门实践学科,把国家看作纯粹的权力组织。他以性恶论为基础,认为人是自私的,追求权力、名誉、财富是人的本性,因此人与人之间经常发生激烈斗争,为防止人类无休止的争斗,国家应运而生,颁布刑律,约束邪恶,建立秩序。国家是人性邪恶的产物。
④ 西格蒙德·弗洛伊德(Sigmund Freud,1856—1939):奥地利精神病医师、心理学家、精神分析学派创始人。提出精神分析的概念,出版《梦的解析》,发动成立国际精神分析学会,开创了潜意识研究的新领域,促进了动力心理学、人格心理学和变态心理学的发展,奠定了现代医学模式的新基础,为20世纪西方人文学科提供了重要理论支柱。

在的人"(马克思)、"堕落的、被创造的人"(《圣经》教义),等等。舍勒认为,这些观点都只是从人的存在的单一方面来理解人。这些定义,没有一个适合于人的极具可塑性的特点,也没有一个与人作为精神的、社会的、自由意志的以及情感的存在等整体复杂性相适应。这些对人的定义,只是揭示了某些关于物的特征,而人不是物。

舍勒强调,必须要有一个自由空间,以便把人作为在体趋向来理解,并拒斥那些仅仅凭借某些现实现象的和历史片段的例子而形成的关于人的观念。他认为人类在其自身中拥有无限量的发展,比我们所想到的更加奇妙非凡。

在舍勒的知识社会学和哲学人类学中有一个关键性观念,认为关于人的观念的变化已经充分地暴露在人的社会—历史发展的背景之下。这是因为人所处的环境,充斥着种种不同的文化知识,而且其人为性和建构性的程度还在不断地上升。譬如,(1)神话和传说,作为宗教与形而上学知识的最初形式;(2)包含在洪堡所研究过的方言中的知识;(3)宗教知识,存在于不同状态的集合体中,从虔诚的朦胧的直观意识,直到一种教会教义;(4)神秘知识的基本形式;(5)哲学—形而上学的知识;(6)数学、自然科学和历史科学的实证的知识;(7)技术的知识。舍勒认为,以上这些知识其认为性和建构性越强,在历史中的运动和变化就越快。如实证宗教的发展比哲学命题的变更就慢得多,从哲学方面看,哲学命题在快速的历史运动及变化中,以及在更快变化的科技发展中,保留了有效性。舍勒要求用自由的空间来规定人的整体存在,他几乎没有涉及科学与哲学对人的理解可能存在的矛盾。抱持一种自由随和的思想态度,舍勒试图把不同知识领域的成果融入他的哲学中。在舍勒的笔下,人与动物的及人的先验性常常相提并论。譬如他的"自然人"(homonaturalis),是一个动物,处于微不足道的次要地位,其生命属于脊椎动物序列,是灵长目动物;自然人没有从动物进化而来,他过去是动物,现在是动物,将来也永远是动物。

舍勒不接受"多愁善感的猴子浪漫主义者"的观念。在舍勒看来,人不是从动物进化而来的,人是退化的动物。与最类似的动物比较,人因为缺乏对自然的适应力而弱智,于是人只好倾向于使自然适应人。从系统发育的角度说,人的神经系统,尤其是大脑皮质得到最为显著的发展,并因此而抑制了其他器官的发展进程,从而使人成为"皮质的奴隶"。

舍勒认为,大脑发达的动物,个体的相对更长的寿命是与物种的相对更短寿命相联系的。人是最倏忽无常的动物,只是浩瀚自然历史中的一段插曲,从起始到现代,然后很快走向尽头。人在宇宙中的地位,就像一只毛毛虫无助地悬挂在树叶边,期待着一种力量的帮助。

舍勒同时认为,人不是一条进化的死胡同,在人的身上,自然并没有彻底丧失自身。因此,不能单凭无可辩驳的进化的科学事实来决定人的在体存在。在科学事实上,有一个科学无法证明的并且是不可辩驳的事实,即精神存在于自律性法则和意识之中,人类因此通过自我意识及基于其上的反映能力,独立于自然界。人类的精神表现使人能够微笑着傲视自然。人也因此是两个世界的公民。在人类存在中有爱的存在,有价值、洞察及其关系的存在,而这些从人的生物性方面都是无法证实的。

六、关于人的"消极的"和"古典的"理论

舍勒认为,由那个消极的行动、那个对现实的"非也"所引起的,不可能是"精神"本身,而只是给精神提供能量,以及提高精神的显示能力。纯粹的精神是没有任何权力、力量和行动的,为了任何一个程度的、极其微小的行动,精神需要依赖苦行对本能的压抑,以及与压抑同时的本能升华。而透过对精神的理解,历史地形成了两种"人的观念",一种被称为"古典的"理论,即精神自身具有最高级的力量和行动,这根植于古希腊普遍世界观。舍勒认为,这样的世界,其顶点自然是"由于他自己的精神而万能的神"。一种被称为"消极的"理论,即精神本身无不由"非也"而产生。舍勒明确表示,对这两种理论都绝不敢苟同。给天生孱弱、只有在一群纯"意图"中才存在的精神注入能量,虽然是通过那个"非也"的行为产生的,但精神并不是由此才"缘起"的。

(一)消极理论及批判

舍勒一连列举几个迥然不同的例子来说明关于人的消

极理论：佛陀之解脱、叔本华其意志之为生命自我否定、阿尔斯堡①的"人性的原则"以及弗洛伊德等。这些消极理论具备同一个根本缺陷，即没有解答是什么在否定，终极原因何在，升华到什么地方去。"最后一问：本能受到压抑、升华，求生意志被否定的目的何在？"消极理论似乎只是在作茧自缚，因为"引发本能压抑的，正是精神"。舍勒认为，精神本身其实无能为力，它无法创造或消除任何本能的能量。一念之差，消极理论就已误解精神。因此，"赋予精神以活力。只有这才理所应当地称得上生命向精神的升华"。

【029】关于人的消极理论的观点，认为精神本身是通过那个"非也"才产生。

消极理论认为，精神本身至少包括人的一切"创造文化"的行为，如一切道德的、逻辑的、审美地观照着的和艺术地塑造着的行为，这些精神本身都是通过对本能的抵抗才产生。舍勒透过对佛陀的解脱学说、叔本华关于"意志上升为生命的自我否定"的学说、阿尔斯堡《人类之谜》的思想、弗洛伊德《超越快乐原则》所代表的后期思想，展开对人的消极理论的剖释和批判。

---

① 阿尔斯堡（Ausburg，生卒年不详）：叔本华的弟子，著有《人类之谜》等著作，强调"人性的原则"，认为理性是语言之结果而非其根，反对用精神或理性定义"人"。

佛陀认为,一旦把自身视为欲念的主体并使之泯灭,人的此在意义就彻底完结了,也就是实现了空或涅槃[①],即自身及其周遭只是一个被观赏的世界。涅槃,原指火的熄灭或风的吹散,后成为印度古代宗教的通用术语,指通过宗教修行所达到的最高境界,一般指熄灭生死轮回后的境界。佛陀认为涅槃是因为世间所有一切法都有生灭相,而仅有一本住法圆满而寂静的状态,所以涅槃中永远没有生命中的种种烦恼、痛苦、苦行和轮回。佛陀的世界只有因果秩序;通过对"欲"和"渴"[②]的扬弃,存在的感性的品种、形象、关联、空间性和时间性,都崩塌泯灭了。

叔本华认为,动物和人的本质区别仅仅在于,动物不能发出"非也"的否定行为,从而不能使意志升华为对生命的

---

① 涅槃:又译为"泥曰""泥洹""泥畔""涅槃那"等,意译为"灭""圆寂""灭度""寂灭""安乐""解脱""不生""无为"等。所谓"灭",意为灭除生死因果。"灭度",意为灭除生死因果,度脱生死瀑流。"寂灭",意为灭生死之大患,寂静安稳。"安乐",意为安稳快乐。"解脱",意为远离一切业果。"不生",意为生死苦果不再续生。"无为",意为不再造作因缘惑业。

② 佛教讲"苦、集、灭、道"四谛,而其中的集谛是苦的一个原因。集,招聚之义。若心与结业相应,未来定能招聚生死之苦,故称集。谛,审实不虚之义。审察一切烦恼惑业,即知其于未来实能招集三界生死苦果,故称集谛;即关于世间人生诸苦之生起及其根源之真谛。苦之根源为渴爱,以渴爱之故,形成"来世"与"后有"。渴爱之核心乃由无明生起之虚妄我见,若有渴爱,便有生死轮回;欲免除生死之苦,须以智慧照见真理、实相,证得涅槃,断除渴爱,超脱轮回之苦。

拯救，而人却可以透过这个"非也"获得拯救。这个"非也"所蕴含的强大的否定，也是形而上学、艺术、怜悯道德等之中意识和知识的所有"高级形式"之源。这一点，叔本华与他的老师布特韦克①是一脉相承的。

阿尔斯堡指出了他的老师叔本华的谬误，他把叔本华的学说扩展成一个被称为"人性的原则"的命题——人善于把他的器官从保存个体和种系的生存斗争中"腾出来"，以便去创造工具、语言，发明概念。阿尔斯堡反对用"精神"和"理性"来定义人。他认为理性只是逻辑思维，只是概念构成；理性不是语言的根源，而是语言的结果。他把语言本身看作旨在把感觉器官排除在劳动之外的"非物质的"工具。人体器官因为无法适应外界，反而产生了"人性的原则"。人体把器官腾出来，再用"工具""语言"替代器官功能，进而推动人在形态和生活上越来越"大脑化"。对此，阿·阿德勒②也有类似看法，他认为精神很晚才产生，只是一个种系

---

① 弗里德里希·布特韦克（Friedrich Bouterwek，1766—1828）：哲学家、美学家，曾接受康德的超验哲学，成为康德主义的主要代表之一，后倾向于雅可比并转而批判康德，认为哲学上的确实性完全基于人们能够洞察到终极的存在这一事实。著有《现代诗歌与修辞学史》《宗教与理性》等。

② 阿尔弗雷德·阿德勒（Alfred Adler，1870—1937）：奥地利精神病学家，人本主义心理学先驱，个体心理学的创始人，曾追随弗洛伊德探讨神经症问题，但也是精神分析学派内部第一个反对弗洛伊德的心理学体系的心理学家。建立了个体心理学体系，设计了一种灵活的支持性心理治疗的方法，以指导有自卑感的情绪障碍患者达到成熟。

在构造上器官缺陷的超级替代品而已。

弗洛伊德的后期学说也属于消极理论之列。弗洛伊德改造了叔本华的本能和情绪"压抑",并用以解释神经官能症的产生。他认为,在本能受压抑的能量得到升华时导致神经官能症。不仅如此,本能压抑还不限于进行任何形式的高级文化塑造的能力,造就了人自身的特殊性。在《超越快乐原则》中,弗洛伊德提出"人类迄今为止的发展在我看来,所需要的解释不是别的,而正是对动物的解释。人们在一小部分人类个体中,观察到一种对更广泛的完善无休止的渴望,这可以泰然地理解为本能压抑的后果,人类文化的精华就建立在这个后果之上"。在弗洛伊德后期,尤其是构建起由性力和死本能为基本支撑的"二元论"以后,弗洛伊德更近地走向了叔本华和佛陀。此刻的弗洛伊德认为,精神的一切形式从物质经由植物、动物、人类直到那个占有"神圣知识"的智者,在根本上都是走向寂静的无、走进永恒的死的僵化的"节日游行队伍群"①。弗洛伊德给任何有机体都赋予了一个无条件的维持所在的倾向,一个迈向静止、寻求保护刺激和"使刺激永久化"的趋势。在动物供给养分、生长和繁殖的系统上,增加了一个"力量系统",并将这

---

① 1920年弗洛伊德26岁的女儿去世,更为严重的问题是由于两个儿子参加战争所带来的恐惧,在这样的历史背景下,弗洛伊德在1920年建立了死本能理论,即死的愿望,立于生本能或存活本能的对立面。

个力量系统设定为生命回复无机状态的"元渴望",与虐待狂的、破坏性的死本能具有相当的影响和地位。

【030】自发精神的压抑,以及内在的自由及自足变化和获得强力及行动,赋予精神以活力。只有这才理所当然地称得上生命向精神的升华。

舍勒针对消极理论的根本性缺陷,提出了一连串的质问:

从佛陀开始到叔本华到所有消极理论的持论者,都是站在人那个"非也"的否定行为之上立论的。那么,人身上是什么在否定,是什么否定求生意志,是什么在压抑本能?受压抑的本能能量有时变成精神病,而有时却升华为创造文化的行动,造成这个事实的不同的终极原因何在?升华到什么地方去?为什么精神的原因至少在局部上存在原则意志?本能受到压抑、升华,求生意志被否定的目的何在——是由于哪些终极价值和终极目标的缘故?舍勒说,人们必须向阿尔斯堡提个问题:是什么使器官免于劳作?是什么发明了物质的和非物质的工具?为什么那些成百上千个适应能力差的物种都灭绝了,而人这个适应性如此之差的物种却没有灭绝?这种病态的、落后的、忍受着苦难的动物,其基本状态就是胆战心惊地作茧自缚,自我保护它的适应性极差、极易受损害的器官。而这个几乎已被宣判了死刑的存在,却得以钻进"人性的原则"并借此进入文明和文化之中以自救。这一切又是如何可能的呢?

舍勒有自己的回答,他一言以蔽之:引发本能压抑的,正是精神。消极理论所缺乏的那个前提,就是理性和精神,是精神自己的、自足的合法性,及精神的诸原则与存在的诸原则局部的同一性。

如果把消极理论看作是一个以精神为前提的意志工程,一切都会变得那么地顺理成章了。伴随观念和价值的意志,拒绝向本能生命所有违抗意志的冲动提供进行一个本能行动所必不可少的想象,这个过程就是"控制"(Lenkung),它负责对本能冲动"设置障碍"或"排除障碍";同时又像把诱饵放到猎物眼前一样,把适合于观念和价值的想象放到"饥饿"的本能面前,这个过程就是"引导"(Leitung),即观念和价值通过本能运动来实现其自身。正是通过控制和引导的方式协调本能冲动,使它们实施"以精神为前提的意志工程"。精神无法自己创造或消除任何本能的能量,精神只能借力。自发精神的压抑,以及内在的自由及自足变化和获得强力及行动,赋予精神以活力。只有这才理所当然地称得上生命向精神的升华。

(二)古典理论及批判

古典理论源自柏拉图和亚里士多德,后以一神教形式出现,亦曾沾染泛神论色彩。这些"都失之于同一谬误,即以为精神和理念拥有一种原始的力"。古典理论所由产生的那个根本错误,与整个的世界观有关,是存在形式等级观的体现。如果说消极理论导致错误的机械论的全知论,那么,古典理论的后果则是所谓"目的论"世界观站不住脚的胡闹。这个世界观正统治着西方世界的全部一神论哲学。

【031】古典理论认为,精神自身不仅具有力量和行动,而且具有的是最高级的力量和行动。

古典理论长期统治整个西方哲学,其影响之大是消极理论所无法比拟的。古典理论几乎与古希腊精神和理念概念同时肇起,是关于"理念自身的力量"、理念原初的力量和行动、理念的影响能力的学说,并最终演变成为西方大多数市民阶层的基本观念。

从柏拉图和亚里士多德以来,精神最早以创造力量的姿态出现,从最高级的物质的"可能的存在"来为世界塑形。犹太—基督教的虔诚性只允许上帝是纯精神,并赋予上帝一个积极的、创造性的甚至是万能的意志,而不仅仅是引导和控制。古典理论与其有共通之处,也是以虔诚性的一神教形式出现。在费希特和黑格尔那里,古典理论还以泛神论的形式出现。按照黑格尔的泛逻辑主义,世界历史应存在于神的理念与辩证法的法则进行的自我阐释之中,而人只是正在变化着的自我意识,即以为精神和理念拥有一种原始的力。因此,古典理论主要以两种形式出现,要么是关于人的精神的灵魂物质的学说,要么是其他认为只有唯一一个精神存在的各种学说。

按照古典理论的阿威罗伊①、斯宾诺莎、黑格尔等人的观点,个人的精神与那个独一无二的精神相比,个人精神只是不同形式和行动中心。从古典理论来看,灵魂物质学说的基础,在于完全公正地应用外在的物范畴,或者在于对类似托马斯·阿奎那②的灵与肉关系的"物质"与"形式"范畴进行有机区分和应用。这是将宇宙起源学的范畴张冠李戴于人的中心存在,所以都是无的放矢。舍勒认为,人本身

---

① 阿威罗伊(Averroes,1126—1198):通用名伊本·路世德,阿威罗伊是他的拉丁名,中世纪阿拉伯的著名哲学家、教法学家、医学家,亚里士多德学派的主要代表之一。以研究亚里士多德的哲学著称,对布拉班特的西格尔及罗吉尔·培根等哲学家和科学家等都产生过影响,推动了欧洲经验科学的发展;对犹太教哲学和基督教经院哲学也有一定影响,12—16世纪在帕多瓦大学还形成阿威罗伊主义学派。

② 托马斯·阿奎那(Thomas Aquinas,约1225—1274):意大利中世纪经院哲学的哲学家、神学家。他把理性引进神学,用"自然法则"来论证"君权神授"说,自然神学最早的提倡者之一,托马斯哲学学派的创立者,西欧封建社会基督教神学和神权政治理论的最高权威,经院哲学的集大成者。他所建立的系统的、完整的神学体系对基督教神学的发展具有重要的影响,被基督教会奉为圣人,有"神学界之王"之称,死后被封为天使博士(天使圣师)或全能博士。

(Person)不是"物质",而只是对许多行为实行君主政体式①的安置。也就是说,在这些众多的行为中,有一个行为领导和指导其他行为。

【032】古典理论所由产生的那个根本错误,与整个的世界观有关:假设人生活于其中的世界,其秩序自世界产生以来就是不变的,即存在的形式越高,也就越有力量和权威,而不只是越有意义和价值。

舍勒认为,古典理论的两种说法都是错误的。一是每一个高级的存在形式,譬如生命之于无机物、意识之于生命、精神之于各种原始人的意识形式,都是自发地从属于较低级的存在形式的过程中产生出来的。这是一种唯物论和自然论的世界观。二是反过来认为,高级的存在形式是低级的存在形式的原因,认为存在着一种生命力,一种意识的行动,一个自产生之时起就强有力地行动着的精神。这是一种活力论或唯心论的世界观。舍勒说,如果消极理论导致错误的机械论的全知论,那么古典理论的后果则是导致

---

① 君主政体包括君主制、君主立宪制和类似君主制或类似君主立宪制等三种政体。君主制是由君主(国王、皇帝、天皇、苏丹等)担任国家元首的一种政权组织形式。君主拥有至高无上的权力,君主的意志就是法律,不受任何约束。君主实行终身制,且是世袭的。君主立宪制是君主受宪法限制的一种国家政权组织形式,所以也称为"有限君主制"。据上下文推断,舍勒的类比所指应该是君主制。

胡闹的"目的论"世界观。因为这个世界观还正在统治着西方世界全部一神论哲学,舍勒对此问题显得格外重视。这也提醒我们,需要更加清晰地梳理舍勒个人的"人的观念",以及他的态度和立场。

舍勒认为,厘定人的本质需要涉足四个领域:(1)人与无机自然、植物、动物以及万物之"基础"的关系;(2)人的形而上学根源及其生理、精神和心灵在世界中的发端;(3)对使人不断变化的各种力(the forces and powers)和人自身不断改变的各种力的澄清;(4)人的生物学发展、精神发展、心灵发展、社会发展和历史发展的可能而真正的基本方向,也包括肉体和灵魂的关系在内。同时,舍勒主张对人存在的两个原则,即冲动和精神,进行"相反的扩展"。这意味着哲学人类学是形而上学和元人类学必要的基础。

舍勒曾经声称他自己在"某些最高的宗教哲学和形而上学问题中不仅对他的立场做了显著的继续发展,而且也在一个类似于这个唯一一绝对的存在(笔者一如既往地坚持这个存在)的形而上学的本质问题上有了如此深刻的改变,以至于他不能再把自己称作一个(在习惯词义上的)'有神论者'"[1]。鉴于此,有两点需要指出:一是舍勒一如既往地坚持一个唯一的绝对存在,二是舍勒不再自认是通常意义上的"有神论者"。将一切与人的观念和行为相关的学说奠

---

[1] 《伦理学中的形式主义与质料的价值伦理学·第三版前言》,舍勒著,倪梁康译,商务印书馆2017年版,第14页。

基于某种关于神的本质和此在、观念和意愿的前提之上，不仅对于舍勒时代是必要的，对于与人工智能共处的今天同样是必要的。

在舍勒的立场中，神并不是与"自在存在"(ens a se，舍勒也将之规定为"事物的根据")同一的。自在存在有着精神和冲动两种属性，神则不再是一个实存、一个实在的人格，而是冲动和精神的相互作用、相互渗透的一个可能的终点，而且神也只可能在作为精神和冲动之交集点的人类人格中成为存在。"神性"(deitas)①的实现表现为精神的不断生命冲动化和生命冲动的不断精神化，这永远不会成为一个状态，而永远保持为一个持续的过程。同时，这个实现过程的中心是在人类之中并且只能是通过人类的。舍勒说，人不是自在存在的，或早在创世纪之前神就已经完成了的作品，而是处于世界的进程中并与世界进程一起生成着的共同塑造者、共同发起者和共同完成者。人是一个小宇宙，是一个小神(Mikrotheos)。

所以，一神论的全知、全善和全能的神便只是可能地处于"神性"生成的终结处，而非世界进程的开端。"人之中的永恒"在此转变为"人之中的永恒的生成"。关键的是，"神性"的最终实现也仅仅是一种可能性。这样，在舍勒这里传统的恶的问题就不存在了。世界最初是由已实现的存在的

---

① 舍勒将"神性"看作一切有限存在的最高根据的纯粹精神属性。

较低样式和价值类型构成的,因为存在形式越低,就越拥有力量①。最高的精神是无力的。同时无机界的力量以及有机界的生命冲动都是盲目的,因而世界便是"恶"的。或者说因为较低价值的实现共一实现了恶。所以对于我们来说现实的起点便是已实现的较低价值,只是借助于作为精神之技艺的现象学还原,我们才能从其中"转身"出来,而不断地生成我们的"世界",在精神和生命冲动的相互渗透中实现最高的"神性"。

(三)精神与力在自然、人类、历史和世界的终极原因中的关系

与古典理论等级世界观相反,舍勒着重指出世界发展过程中"原始关系的逐步逆转"。概而言之,"从根本上说,低级的是强大的,最高级的则是孱弱的"。因为,"精神原本是天生没有自己的能量的",这个高级形式,反而为作为"欲求"的无机界力量中心所实现,后者这一最低影响点,是最

---

① 原著提及尼柯莱·哈特曼与作者在《伦理学中的形式主义与质料的价值伦理学》中所持的同样的思想"教高级存在和价值范畴天生就是较孱弱的"。尼柯莱·哈特曼(Nicolai Hartmann,1882—1950):又译作尼古拉·哈特曼,德国哲学家,生于俄国里加。跟舍勒一样,哈特曼认为现实是没有意义的,尽管它是有秩序的,并且是部分合理的。因此,一个人不得不在一个完全违背其愿望的世界里生活,但这也是一种英勇的业绩。

强大的。世界一起升华，大概不太可能。因为精神不能成为对象，不能再升华。因此在上述讨论背景中，"人的生成和精神的生成，必须视为迄今自然的最后一个升华过程"，其"体现了自然的所有本质区域为我们所熟知的最高的升华和最紧密的统一"。这个"元对抗"，即使面临世界终极原因亦不止步，"通过正在演变着的使隐藏在万物的表象后面的压抑变成精神和观念而相互渗透……这便是有限存在和事件的目标和结局"。一神教则本末倒置，"把目标和结局放到自己的起点上去了"。

【033】从根本上说，低级的是强大的，最高级的则是羸弱的。

存在于高级的或低级的存在形式和价值范畴、力量和权威之间的关系、形式，是在某种关系中实现自身。对这种关系的秩序，舍勒概括为：较高级总是依赖较低级而实现自己；精神是极度羸弱的。因为，"从根本上说，低级的是强大的，最高级的则是羸弱的"。任何一个高级的存在形式与低级的存在形式相比，都相对地软弱无力，而且它不是依靠自己的力量，而是依靠低级形式的力量来实现自己。因此，舍勒判断，只有力和作用的洪流才能设定此在和偶然的所在，这条洪流在我们居住的世界上，不是由上而下，而是由下而上流淌！无机界不需要依附其他任何事物，傲然屹立在它自己固有的法则内；植物和动物无须攀附于人，因而也能豪迈地挺立在人前，其中动物依赖植物的程度又远远高于植物依赖动物的程度。植物借助无机物汲取养分，动物从根本上依赖植物获得养分。数量巨大的动物在历史上，在它们运动的固有法则中，面对人类此在的高级形式更加地独立自足。人类历史上的文化繁荣是一种高级形态，但它既短暂又罕见，恰如一切美的形态，娇媚柔弱，极易受损害，也是既短暂又罕见。较高级的价值其结构往往较为复杂，较低级的价值则更为基本。在力量上，这种基本的价值总是占有优越性。

舍勒所使用的"强力"(Macht)、"能量"(Energie)和"力量"(Kraft)等词语是同义的，但是"能力"(Fähigkeit)概念却明确区别于这些概念。当舍勒说"精神原初就没有本己的能量"或"原初无力的精神"等等时，意味着"精神所无能为力的是：自己创造或消除、增加或减少任何欲求的能量"。但是，精神具有自己的"能力"，即一种"观念化"(Ideierung)或者"现象学还原技艺"的能力。这个把本质与此在分离开的能力构成了人的精神的根本特征，这个根本特征乃是人的精神一切别的特征的基础。可以说，正是因为这种能力，人成为"能说不者"(Neinsagenknner)、"生命的禁欲者"和针对一切单纯现实性的永远的抗议者。

舍勒认为，生命过程本身是一个具有独特结构的在时间中已成形了的过程,但是这个过程却只是借助于无机界的材料和力量才得以实现。精神与生命的关系也是如此。借助这种能力,精神只是"指引"(leiten)和"引导"(lenken)生命。通过禁欲、压抑和生命的升华,精神从原初强有力的生命中获得其原初所没有的能量或力量。对舍勒来说,在纯粹形式上,精神原初是绝对没有任何力量、强力或能量的,尽管它具有一种基本的能力。每一个对现实性或欲求所说的"不"都是精神自身的活动,这种"不"所引起的绝非精神的存在,而只是给精神提供能量,并由此而不断给精神输送"沉睡在被压抑的欲求中的能量"。

在此意义上,舍勒宣称精神绝不到处是创造性的原则,而只是一种设置界限的、在本质可能的框架内获得偶然现实性的原则。高级形式"决定"着世界形态的本质和本质范畴,但它自己却是由另一个、自开始就为元存在物所特有的原则来实现的。这个特有的原则,就是创造着实在、规定着偶然性的情景原则,就是欲求和欲求想象。

【034】人的生成和精神的生成,是自然的最后一个升华过程。

无机界之所以成为世界上最强大的,是因为其"盲",是从理念到形式、形态的"盲"的力量中心,其欲求最低。舍勒说,从科学的观点来看,这些力量中心不符合本体论①的规则,而只服从类似统计的法则②。舍勒认可,一切具有形式—机械论结构的自然法,在最终原理上只有统计意义,一切自然事件(也包括微观范围)就是从任意力量单位相互作用中产生的事件。所谓形状法则,即规定着事件的某种时

---

① 本体论(Ontology):是探究世界的本原或基质的哲学理论。"本体论"一词是由17世纪的德国经院学者P.戈科列尼乌斯首先使用的。对本体论这个词的定义虽有各种不同,但一般对它还是有一定的理解。从广义说,它指一切实在的最终本性,这种本性需要通过认识论而得到认识,因而研究一切实在最终本性为本体论,研究如何认识则为认识论,这是以本体论与认识论相对称。从狭义说,则在广义的本体论中又有宇宙的起源与结构的研究和宇宙本性的研究之分,前者为宇宙论,后者为本体论,这是以本体论与宇宙论相对称。"本体"的研究,在希腊哲学史上有其渊源。从米利都学派开始,希腊早期哲学家就致力于探索组成万物的"本原"(希腊文 arche,旧译为"始基")。对此"本原"的研究即成为本体论的先声。之后的巴门尼德建立了本体论研究的基本方向。他提出,"是以外便无非是,存在之为存在者必一,这就不会有不存在者存在",认为存在永存不变,仅有思维与之同一,亦仅有思维可以获致此真理;而从感觉得来者仅为意见,从意见的观点看,则有存在和非存在,存在既非一从而有变灭。
② 统计法则,包括统计常态法则、小数永存法则和大量惰性法则。统计常态法则,指从总体中随机抽取一部分个体所组成的样本,差不多可以保持总体的特征。小数永存法则,指从总体中随机抽取的第一个样本若能够代表总体,那么,从总体中的随机抽取的其他几个样本自然都能代表总体。大量惰性法则,指从总体中随机抽取的样本,常常保持着它的恒性,而且总体本身如果不受特殊原因的影响时,也常有它的特性。

间节奏,并规定着肉体的此在的某些静态形状的法则,证明自己是真正的本体法则。自然的法经由这种理解变成一个严格统一的法。故而使世界中发生的一切事情都具有升华的概念,升华于是产生在任何一个基本过程中。

肯尼思·奥克利(Kenneth Oakley)提出,从解剖学上看,猿猴特化程度较低,手掌适于抓握,但若拥有机能足够的大脑仍能制作工具。人类的手掌在许多方面比最接近人类的人猿更原始。事实上,人类的五指手掌机能简单,与最原始的哺乳动物,甚至在演化上与更原始的爬虫类相去不远。斯威夫特《格列佛游记》中巨人试图辨认小小的格列佛:

> 第三位智者说:"它显然不是任何一种生命形式,它跑不快、不会爬树,也不会在地上挖洞。它无法维持生命,也无法逃脱敌人攻击。"
>
> 校长说:"如果它是活的动物,那么我们必须了解,大自然有时会犯错……"
>
> 他们异口同声说:"是的,……这是大自然的瑕疵品。"鞠躬之后退出了房间。

看来,知性一开始就在粉饰世界的无序进程。

舍勒认为,生物的感觉器官和感觉功能更多地呈现出世界的有序进程而不是无序进程;生物正是靠着这一点才把那个"自然法"带入世界的,知性后来便抄袭了这个法。隐藏在本体论意义上的偶然和任意的混乱(Chaos)之后的,并不是法则;而正是混乱,才是藏在形式—机械论的法则后面。凭借生命的力量和作用,此在和偶然的所在得以设定,并因此作为有限性存在的此在与偶在,在不依附其他任何事物的情况下依然挺立。作为有限的生命存在,人与植物、与其他动物是一样的。可是人之为人的本质,并不在于其作为此在有限性的存在,而在于人的生成体现着自然之本质向更高的乃至最高的存在的升华。在舍勒看来,这个更高乃至最高的存在是通过自身而存在的存在,即精神性的存在。在此意义下,精神显然已不再是纯形式的精神,因为精神必欲为实现自身而获得能量,即精神须与生命相结合,于是也意味着精神对生命的升华。

存在的低级领域的各种力在世界的变化过程中,逐渐地将被用来为一种塑造得较高的存在和变化服务,就如同产生于电子中间的力服务于原子的形状,或在无机界内活动的力为生命的结构服务一样。所以,人的生成和精神的生成,必须视为迄今自然的最后一个升华过程——被有机体接受的外部能量,越来越多地汇入我们所认识的最复杂的过程,即大脑皮层的兴奋过程中。对舍勒来说,人既是精神存在物,又是生命存在物,他只是"通过自身而存在着的存在"的精神和冲动的一个"分中心"。他强调说,人的生成和上帝的生成从来就是相互依存的。如果人不把自己当作这个最高存在两个特性中的一项,如果他不懂得使自身去习惯这一存在的话,那么他就不符合人的规定,同样,离开了人的共同作用,自在存在便不成其为自在存在了。人和精神的生成,一方面表现在这个日益增大的汇入中,另一方面也表现在本能升华类似的心理过程中,即把本能能量转化成"精神"行动。

【035】人必须学会容忍自己,也容忍那些他身上被他视为坏的和堕落的爱好。人不可直接对这些爱好进行斗争,而必须学会间接地克服它们。

精神与生命之争的这同一个过程,我们也在人类历史上以另一种形式遇见过。尽管如此,历史表现出一个总的说来在不断增长着的给理性以权力的趋势,但这个趋势又是通过观念和价值之间巨大的本能的群体倾向和兴趣联合,在不断地占有观念和价值的基础上实现的。即便在这里,我们也不可过高估价人的精神和意志对历史事物的进程的重要性。

在关于人类历史的问题上,舍勒认为,黑格尔关于人类历史存在于纯粹理念的阐释之中的论点是站不住脚的;反之,马克思的原理完全成立。马克思认为,没有经历过兴趣和激情的观念——即产生于人的活力和本能区域的力——在世界历史中经常不可避免地"出丑"。舍勒之所以赞同马克思,不认可黑格尔,大概是基于对真实人类历史的调查研究和体认,是对是否可行的判断,不是或不全是对价值的评价。纯粹理念者认为,人理应追寻一种纯粹的理念,去让自己的灵魂得到进化与净化,也获得一种思想的精华和精神的补益。纯粹理念是对高尚事物的追寻与渴求,以及对真理的向往和探索,是对客观绝对精神的热烈需求,是与高尚思想的相守与共。纯粹理念要求思想精神要绝对的纯粹,言语情感行为要合乎道德伦理,并要绝对的高尚,任何人都不可违背规矩禁令,并且要力求达到真善美的完美状态,从而把纯粹理念的思想精神真正理解和把握,并贯穿于自身的思想言语行为之中,使得人人都遵循纯粹理念的积极向导,都把纯粹理念响彻内心,以便都达到至上至圣、至善至美的境地,也让纯粹理念的内涵深入人心并发扬光大。舍勒认为这是"站不住脚的"。

希腊人以理性来显示人的独特性,但却将人的一切活生生的情感如爱、恨、敬畏、恐惧等摈弃在外,因而实际上不能体现人之为人的本质。而舍勒的"精神"则包含着理性、直观以及情感,精神处身于一切行动的中心即人格之中。人的精神和人的欲望的重要性从来也不超过"引导"和"控制"。也就是说,精神以精神的身份用观念来"规劝"精神本能的力量,欲望则给必然已经存在的本能冲动提供这样的"劝诫",或从冲动那里夺走之。正是这些劝诫能够把观念的实现转化为具体。一场纯意志对本能力量的短兵相接纯属子虚乌有;倘若果真有进行这场战斗的意图,那么战斗反而刺激本能力量,使之更趋于片面。舍勒列举并认可圣保罗[①]的说法:法律就像一头咆哮的狮子到外乱窜,企图使人们都传染上罪孽。法律解决不了罪孽,就像精神解决不了欲望一样:人必须学会容忍自己,也容忍那些他身上被他视为坏的和堕落的爱好。人不可直接对这些爱好进行斗争,而必须学会间接地克服它们。

舍勒提出,把人的生成放到升华概念之下来看,人的生成体现了自然的所有本质区域为我们熟知的最高的升华和最紧密的统一。这样才能解决世界现实的"目的论"和"机械论"的长期矛盾。

---

① 圣保罗(Paul, St., 10—67?):原名 Saul。使徒圣保罗,又译圣保禄,基督教早期的传教士和神学家,非犹太人称之为使徒。圣保罗出生于小亚细亚的塔尔苏斯,为犹太人,原被训练为拉比,但后来以制作帐篷为生。他是热诚的法利赛派,曾迫害第一批基督教徒,直到他有一次在去大马士革途中见到耶稣的幻影,才转而皈依基督教。圣保罗的职务和观点大致见于《新约》中所收集的书信或使徒书信。基督教成为世界性宗教,最要归功于圣保罗。

威廉·詹姆斯[①]认为,有一个较高的价值,实现这个价值就使人忘掉恶,而且这个价值还吸引着人的精力。如果欲望的意图不在于这样一个价值,而只是在于单纯区别、否定那个目的是在良心面前显现为"坏的"本能,那么这个欲望不论要求什么,只会适得其反。舍勒认为,人不可直接与这些爱好进行斗争,而必须学会间接地克服它们,寄希望于直接戒除,不如把精力投入到他的良心认为是善的及适合的、为他所接受的任务中去。斯宾诺莎[②]在他的伦理学中深刻地论述过"勿抗"恶的思想,在这个思想中蛰伏着一个极

[①] 威廉·詹姆斯(William James,1842—1910):美国心理学之父,教育学家,实用主义的倡导者,美国机能主义心理学派创始人之一,亦是美国最早的实验心理学家之一。认为人的精神生活有不能以生物学概念加以解释的地方,可透过某些现象来领会某种"超越性价值";并强调人有巨大的潜能尚待开发,人的意识只有很少一部分为人所利用。他曾参与类似禅坐的静坐活动,表示静坐是一种唤起深度意志力的方法,可以增加个人的活力与生命力,也做灵媒的实证研究。此外,詹姆斯横跨哲学、心理学与精神医学界,对超意识的自动书写很感兴趣,曾大量收集案例,并发现青少年最能借此表达内心的纠葛与人格之冲突,他还注意到自动书写有时能解开罪犯的犯罪症结,但并非人人能自动书写,必须透过催眠或其他方法。

[②] 斯宾诺莎(Baruch de Spinoza,1632—1677):荷兰哲学家,犹太人,犹太教会以背叛教义之名驱逐出境。不承认神是自然的创造主,认为自然本身就是神的化身,其学说被称为"斯宾诺莎的上帝",对18世纪法国唯物论者和德国的启蒙运动有着颇大的影响,同时也促使了唯心到唯物、宗教到科学的自然派过渡。

大的真理。"恶"泛指一切"坏的"本能,不是一般意义的负面价值;"勿抗"指的是不采取直接排除、"硬抗"的策略。因此,"勿抗"恶不是放纵恶,而是以某种"好的"本能欲望替代"坏的"本能欲望的策略。

【036】"通过自身"而存在的存在,一切其他存在都以它为转移;就算再给它加上精神这个定语,它作为精神性的存在也绝对不占有本真的权威和力量。

舍勒认为,人与所有其他动物都具有相似性,而所有其他动物都不具备这种普遍的相似性。在某种程度上说,人是一个微观宇宙,包含了一切生命发展阶段在内的生物学意义上的微观宇宙。所有的生命形式都是草图,这些草图是生命在多源或者多元的开始就已经描绘或制作出来的,只是比较粗糙,还需要在人身上获得完善。人类也是一张生命的草图,由冲动幻想绘就。人类的这张草图对所有生命开放,它与其他所有生命形式和物种都不同,它是尚未完成的上帝的形象。就人作为微观宇宙和精神动物的本质观念及生命而言,过去的地球人,可能也包括其他星球上具有人的特点的生物,它们的所有经验形式都是各种不断变化的企图,这些企图在人的本质的生成过程中从来都没有成功过。这种生成所拥有的方向就是去实现人的本质观念。人的"观念"的本质先于所有的生命进化,就像草图先于完成它的实现一样。因此,人并不是在形态学、生理学以及心理学意义上的先在存在,更不是柏拉图意义上的在先存在①。

舍勒提出,"通过自身"而存在的存在(das durch sich seiende Sein),一切其他存在都以它为转移;就算再给它加上精神这个定语,它作为精神性的存在也绝对不占有本真的权威和力量。也就是说,精神性存在是孱弱的,是没有权威和力量的。相反,对现实及其通过本质法则和观念不可能清楚地规定的偶然的所在承担责任的,是最高的存在中的"自然的自然",即那个万能的、装载了无限的图像的欲。如果我们把一切有限存在的最高原因中纯精神的定语称为"最高的存在、神性",那么我们称之为这个原因中的精神的神性,绝不会得到任何积极的创造性的力。在这个结论面前,"从虚无中创世"的思想分崩离析了。

舍勒认为,我们必须抛弃两个进化概念,一是物种"起源"的概念,一是生命永朝更高级的形式"发展"的概念。舍勒用"物种转换"和朝向"各种说明方向"概念取代。与此二概念一道,舍勒的形而上学和哲学人类学的核心概念还有"绝对时间中的生成"。绝对时间是从作为位格的人的道德和同情等方面开始的。人的存在在生命的进化生成中不是静态的实体,作为位格、生命与机体、力的中心,人都是运动

---

① 这里涉及观念出现的三种可能方式,除舍勒支持的一种外,还有亚里士多德和柏拉图的各一种,以"先在存在"和"在先存在"勉强区分。柏拉图认为,观念先于人对事物的感知;亚里士多德认为,观念可以追溯到人对事物的感知;舍勒认为,观念只有在对事物发生作用时才会出现,即观念只存在于事物因故变化的过程中。

的方向。舍勒也认为一般的生命方向并不完全是连续的，当朝向人进行突变时，生命方向就会中断。当生命朝向"向世界开放"时，它就是超越生命的转向，就会通过诸如知觉、概念、符号、工具以及文化等替代品得到补偿。这时，生命就发展到了某种顶点，并致使某种"比生命更多"的东西即精神成为必需。于是精神超出了机体，生命不得不在此顶点否定自己。由于突变是一种量子式的跃迁，所以舍勒说因果论根本不能解释一般的生命方向那超越自身的最终转向。生命一旦在人的存在性质那里达到它的最高形式，精神就出现了。这种形式是在生命自己的深重苦难中产生的。

舍勒说，假如精神和欲求的无对抗存在于"通过自身"而存在的存在中，那么这个存在与世界的关系就必然是另外一种。"最高的存在、神性"及其观念和价值要在世界进程的时间流逝中实现它自己，它就必须忍受这个世界进程。世界本身在多大程度上变成永恒的精神和欲求的完美躯体，这个本身没有时间性，但是在时间上把自己表现为有限体验的过程，就在多大程度上向它的目标、神性的自我实现靠拢。就像人逐渐意识到神性一样，神性也在人身上逐渐意识到自身。舍勒将此描述为上帝和人"相互发现的同一行为、同一过程"。原本孱弱的精神和原本强大的盲目的欲求，通过正在演变着的使隐藏万物的表象后面的压抑变成精神和观念而相互渗透，同时使精神变得生机勃勃，并赋予它以力量——这便是有限存在和事件出乎一神教意料的目标和结局。

七、身与心的同一:笛卡尔批判

舍勒指出,笛卡尔为关于"人的本性"的西方传统灌输了大量最严重的错误。人被抛出自然,"生命及其元现象的基本范畴被一笔从世界中勾销掉"。实际上,受益于科学发展,身心问题已愈加失去形而上的等级。舍勒主张:(1)机械论自然学说已被推翻;(2)观念表象的自主性和已确证的优先权;(3)不能把全部精神生活限制在清醒以内;(4)要承认情绪压抑,否则会把身心简单地对立起来。舍勒进而提出,从本体论来看,生理的和心理的生命过程是严格地同一的,二者只是在现象上有所不同,而在结构规则和它们流逝的节拍中,从现象看却是完全同一的。生理的和心理的过程都是非机械论的,二者都是有目的的并以整体性为目的。生命由生命过程不断重新塑造其形式,这是生命统一性的体现。我们不应固化"偏执片面的兴趣",跟随笛卡尔将身心、灵肉,作为本体矛盾的构成。那么本体矛盾应该是什么呢?是生命与精神的矛盾。它大概已延伸到了一切事物的原因之中。所谓心理和生理,只是对同一生命进程的两种观察方法,依然是时间的、空间的。而精神是超空间、超时间的,精神把生命观念化;而只有生命才有能力把精神投入到行动中,并把精神变成现实,无论是从最简单的行为刺激起,还是一直到完成一件我们认为具有精神意蕴的产品上,都是如此。

【037】笛卡尔把一切物质分为"思维着的"或"广延开的"。通过这个划分,有关人的本性方面,他给西方意识灌输了大量最严重的错误。

笛卡尔的自然哲学观同亚里士多德的学说是完全对立的。笛卡尔认为,所有物质的东西,都是为同一机械规律所支配的机器,甚至人体也是如此。同时他又认为,除了机械的世界外,还有一个精神世界存在,这种二元论的观点后来成了欧洲人的根本思想方法。

笛卡尔的影响实在太大了,以至于舍勒不得不用一个专章的篇幅来清理其思想"流毒"。在笛卡尔之前,人们一直认为动植物获得灵魂后的"象"是现实,而笛卡尔则用人类学"移情"的方法解释"象"。笛卡尔否认所有动植物具有心理自然,把一切不是人的意识和思维的东西宣布为纯"机械的",人的特殊地位因此"令人反感地无限上升,人被拖出自然母亲的怀抱",进而生命及其元现象的基本范畴被一笔勾销。

笛卡尔把一切物质分为"思维着的"或"广延开的",也就是说,笛卡尔把宇宙分为两个不同的实体,即思考(心灵)和外在世界(物质),两者本体都来自上帝,而上帝是独立存在的。笛卡尔认为只有人才有灵魂,人是一种二元的存在物,既会思考也会占空间,动物只属于物质世界。通过这个划分,有关人的本性方面,他给西方意识灌输了大量最严重的错误。舍勒认为,笛卡尔的学说唯一有价值的是,精神的新的自治权和自主权,以及精神高于一切有机的和凡是有生命的东西。其余的一切完全是本末倒置。在笛卡尔那里,世界只是由思维着的点和一个强有力、有待从几何学角度来研究的机械装置。舍勒特别反感的是,正是笛卡尔影响下的哲学家、医学家、自然科学家们,剥夺了"身心问题"千百年来一直保持的生命力。

> 【038】笛卡尔假定存在着的一种局部上规定的灵魂物质,是不存在的。因为无论在人脑还是在人体内任何地方,都没有一个所谓敏感的神经纤维汇合,以及所有神经过程相会的中心地带。

笛卡尔不仅把外部世界二元化,把内部世界同样也二元分立了。笛卡尔认为,存在着的一种局部上规定的灵魂物质,心理活动只限于"意识"中,只受大脑皮层的制约,这是笛卡尔理论的又一个根本性错误。

舍勒指出,精神病专家的研究成果表明,对于人的"性格"的基本状况起决定性作用的心理功能,特别是一切属于本能生命和情感的东西,属于心理活动的基本形式和元形式,其生理的平行过程,根本不是发生在大脑中,而是在脑干区。具体来说,其中一部分在第三脑室的中央灰凹①,另一部分则在作为中央控制起调节感觉和本能生命的作用的

---

① 第三脑室中心稍上方,有一连接左右视丘的灰质块,称中间联合或中间块,即舍勒所称的"中央灰凹"。

丘脑中。同样重要的是,大量的腺体如甲状腺、生殖腺、腺垂体、肾上腺等,其功能类型不仅决定着人的本能生命和情绪,还决定着身材的高矮胖瘦,甚至还决定种族的性格。这些腺体系统在有机体中无处不在,并无时无刻不影响着清醒意识的灵魂生命。也就是说,成为生理学上精神事件的平行发生场的,不是大脑局部,而是整个躯体。可见,笛卡尔关于有一个灵魂物质与肉体物质的外部结存在的假定"其实根本就无须一提"。因为笛卡尔所谓的灵魂物质无一例外都是拥有塑造肉体形式能力的"肉体物质"。接着,舍勒又借助生理学的研究成果证明,神经系统的功能也不是以个体累积的方式起作用,而是以整体汇集的方式起作用。与此相类似的,生理学也彻底铲除了细胞之间"鸡犬之声相闻,老死不相往来"的独立王国的观念。

舍勒说,只有在四种条件都成立的情况下,人们才会相信笛卡尔式的二元论结论。条件包括:(1)把心理的有机体当作机器,回到机械论的自然学说的老路上;(2)对全部本能—情绪生命对于一切"意识到的"观念表象的自主性和已确证的优先权视而不见;(3)把全部精神生活限制在清醒以内,而无视精神事件的全部相关的功能群猛烈地从意识—自我上脱落的事实;(4)否认情绪压抑,不理睬生命类的既往病史如意识—自我分裂现象。很显然,上述四个条件不可能具备,因此笛卡尔式的二元论注定是错误的。

【039】从本体论看,生理的和心理的生命过程是严格同一的,二者只在现象上有所不同,而在结构规则和它们流逝的节拍中,从现象看却是完全同一的。生理的和心理的过程,都是非机械论的,也都是有目的的并以整体性为目的。

舍勒的立场和观点与上述作为假设条件的四种理论截然相反,他的结论也必然是不一样的。舍勒认为,从本体论看,生理的和心理的生命过程是严格同一的,二者只是在现象上有所不同,而在结构规则和它们流逝的节拍中,从现象看却是完全同一的。生理的和心理的过程,都是非机械论的,也都是有目的的并以整体性为目的。

舍勒借助解剖学家布劳斯[①]、生理学家埃·切尔马克[②]等人的研究成果指出,生理过程是在神经系统的各个部分中进行的,这些部分越低级(不是越高级),心理过程的目的性就越明确,其整体性指向也越明显。同理,心理过程越原始,就越有整体性和目的性。从生命过程的外形和各种机能看,生理过程和心理过程只不过是超越机械的生命过程

[①] 原文未作注释。中译本作"海德堡解剖学家布劳斯",亦未作注。
[②] 埃里克·冯·切尔马克(Erich von Tschermak,1871—1962):奥地利—匈牙利籍的植物学家和农学家。长期致力于推广孟德尔的学术成果,是孟德尔遗传定律再发现者之一和实践者。

的同一行为的不同侧面,也就是说,将其分别称为"生理的"和"心理的",只不过是对同一个生命过程开展两方面观察而已。于是就有了内部生物学和外部生物学之分①。内部生物学从有机体的形式结构发展到真正的生命过程,每一个有生命的形式从不可再分的细胞核开始,经过细胞、组织、器官,直至生物体,在每一个时刻中都是富有活力的,并由生命过程不断地重塑生命形式。外部生物学也一样,是在化学生理学的环境中,那些"有造型能力的功能"(舍勒特别提示与"器官的运转机能"区分开来),才能创造出有机材料的静止形式。在舍勒看来,古老"心理机械平行论"以及洛采②重新发掘振兴起来的、把灵魂当作"丰满形式"的"相互作用说"等经院哲学理论,都可以休矣。

---

① 今天的生物学分类,与舍勒的提法有较大的出入,是属于理学大类下的一级学科,其下属的二级学科包括生理学、微生物学、生物化学与分子生物学、植物学、动物学、细胞生物学、遗传学、生态学等主要传统学科。同时,随着生物技术的迅猛发展,又兴起了一些新的分支学科,如生物信息学、海洋生物学、纳米科学与技术等等。

② 鲁道夫·赫尔曼·洛采(Rudolf Hermann Lotze,1817—1881):德国心理学家、哲学家,价值哲学创始人。自称其哲学为"目的论的唯心主义",著有《小宇宙》等。其思想直接影响了新康德主义西南学派的文德尔班、李凯尔特、拉斯克等人;其纯粹逻辑思想影响了胡塞尔、文德尔班等人;其有效性思想影响了实用主义;其存在观念影响了海德格尔。

【040】笛卡尔在肉体与灵魂之间制造的鸿沟，几乎具体到了生命的统一性。他用"灵魂"来解释全部本能和情绪生命，同时要求用纯粹的化学—物理学按照生命现象的结构法则来解释生命想象。

舍勒说，一条狗看见一块肉，与此同时胃里分泌出胃液，对于笛卡尔而言就是一个奇迹。因为笛卡尔一方面不承认食欲的本能冲动，也不承认这是产生吃的视知觉的一个条件；另一方面认为与食欲一致的胃液分泌不是真正的生命过程，生命过程也不是根植于生理功能的统一和结构中，而只是一个不依赖于中枢神经系统，纯粹以化学—物理学方式在胃里进行的过程。舍勒因此认为，笛卡尔在肉体与灵魂之间制造的鸿沟，几乎具体到了生命的统一性。他用"灵魂"来解释全部本能和情绪生命，同时要求用纯粹的化学—物理学按照生命现象的结构法则来解释生命想象。

舍勒说，笛卡尔的根本失误在于，他完全没有看到人和动物的本能系统，当然也不可能认识到正是这个系统构成任何一个生命运动与意识的内容之间的中介和统一。若按照笛卡尔的基本理念来解释，生理学的"功能"是一个独立自足的节律化的流程形态，是一个能动的时间形态，没有任何地方有局部的僵化，天生地不受制约。相反地，生理学的

"功能"能够深入地在现有培养基当中给自己廓清一块功能场,并能够完成自我塑造。在那些不具有任何意识关联的生理功能中,也不存在任何确定和僵化的、相加而成的器官反应。

舍勒基于现象学立场强调生命运动与意识的内容之间的统一性。舍勒以惯常的风格调侃说,有机体的生理程序与有意识的进程一样"有意蕴",而有意识的进程也常常与有机体的进程一样"愚蠢"。

【041】舍勒主张必须在研究的方法目标上,一方面最大限度地考察有机体的相同的行为方式,能够在多大范围内由来自外部的物理—化学的刺激和通过心理刺激—联想、催眠术、一切种类的心理疗法、社会环境的改变而产生和改变;一方面考虑对真正的统一的生命进程施加影响的两种类别,即通过意识的通道,以及外部肉体刺激的通道,在数量上对生命进程的影响。

舍勒指出,大量疾病都是依靠社会环境生存的,其数量远远超过人们的想象。我们需要特别防范唯"生理学"解释的过度膨胀。其实,胃溃疡的病因也可能是心理的,与某个化学—物理过程引起的一样,而且不只是精神疾病,就连气质性的疾病也有完全确定的心理联系。舍勒于是主张,必须在研究的方法目标上,一方面应当最大限度地考察有机体的相同的行为方式,能够在多大范围内由来自外部的物理—化学的刺激和通过心理刺激—联想、催眠术、一切种类的心理疗法、社会环境的改变而产生和改变;另一方面考虑对真正的统一的生命进程施加影响的两种类别,即通过意识的通道,以及外部肉体刺激的通道,在数量上对生命进程的影响。

甚至死亡①这种基本的生命进程,与遭受手枪射击所造成的死亡一样,也可以由一次突发的情绪冲动而引起,正如摄入致幻药物与阅读淫秽图文一样可以引起性冲动。舍勒说,这一切只不过是我们在已有经验和对同一个从本体来看统一的生命进程的控制中,所具有的不同的入门方式。就连诸如所谓"关联思维"一类最高级的心理功能,也可以用规范的生理学来说明和解释。

依照舍勒的理论主张,精神行为是从有生命的本能冲动范围中,取得其全部行动所需能量的。若没有任何一种"能"的支撑,就不能对精神行为以及生命自己的经验显现

---

① 死亡指丧失生命,生命终止,是生存的反面。哲学上说,死亡是生命结束,而且是所有的本来维持其存在(存活)的属性的丧失,不可逆转的永久性的终止。有令人震惊的研究表明,当人类的心脏停止跳动时,大脑还会继续运作。换言之,人类的大脑会意识到自己已经死亡这个事实。因此,国际上通行以脑死亡来认定死亡过程的终止。

自己①,因而时时有着生理与心理的平行对应。心—物生命实则是一体的。尽管舍勒在此并未对这个理论作最终的哲学深化,但在哲学人类学理论体系中却具有举足轻重的地位和意义。

【042】所谓心—物生命一体,或者心理功能与物理功能的统一,是一个不惟对于一切生物而且也对人绝对成立的事实。无论是神经系统还是大脑,都不免是心—物生命统一体。所以,构成任何本体矛盾的,并非人身上的灵与肉,或身与心,或脑与灵魂。

---

① 按张任之的理解,当舍勒说"精神原初就没有本己的能量"或"原初无力的精神"等等时,这只意味着,"精神所无能为力的是:自己创造或消除、增加或减少任何欲求的能量"。但是,精神具有自己的"能力",即一种"观念化"或者"现象学还原技艺"的能力。舍勒强调:"这个把本质与此在分离开的能力构成了人的精神的根本特征,这个根本特征乃是人的精神一切别的特征的基础。"可以说,正是因为这种能力,人成为"能说不者"、"生命的禁欲者"和针对一切单纯现实性的永远的抗议者。借助这种能力,精神只是"指引"和"引导"生命。通过禁欲、压抑和生命的升华,精神从原初强有力的生命中获得其原初所没有的能量或力量。对舍勒来说,在纯粹形式上,精神原初是绝对没有任何力量、强力或能量的,尽管它具有一种基本的能力。每一个对现实性或欲求所说的"不"都是精神自身的活动,这种"不"所引起的绝非精神的存在,而只是给精神提供能量,并由此而不断给精神输送"沉睡在被压抑的欲求中的能量"。在此意义上,舍勒可以宣称"精神绝不到处是创造性的原则,而只是一种设置界限的、在本质可能的框架内获得偶然现实性的原则"。

舍勒指出了西方与东方(印度)在心—物研究上的片面性,他说:物理功能与心理功能的统一,是一个不惟对于一切生物而且也对人绝对成立的事实。西方研究人的科学,是一种片面为西方技术所特有的兴趣的枝节现象。印度医学则抱持与此相反的、心理的片面性不亚于西方医学的观点。西方的自然科学和医学主要涉及人的肉体,企图专门通过外部通道来影响生命进程。舍勒批评说,如果生命过程从外部比经由意识通道更容易为我们所认识,那么生命过程也就无须以心与物之间的事实关系为基础,而是可以用千百年来偏执片面的兴趣来界说了。而印度医学根据人的灵魂生命用复杂方法将人区别于动物,认为人的灵与肉起源特殊,未来的命运也不同一般。西方的做法是一种片面为西方技术所特有的兴趣的枝节现象,印度的做法更是缺乏起码根据的无稽之谈。

舍勒认为,心—物生命一体的证据极为充分。从孟德尔[①]法则对于心理性格和肉体特征同等适用,到人与动物之间在差异不特表现在心理机能上也在外形上,再到人的神经系统和人脑的种种表现,都能充分适用心—物生命一体

---

① 格雷戈尔·约翰·孟德尔(Gregor Johann Mendel,1822—1884):奥地利遗传学家,孟德尔学派创始人,遗传学的奠基人,被誉为现代遗传学之父。他通过豌豆实验,发现了遗传学三大基本规律中的两个:分离规律和自由组合规律。

论。灵魂弥漫于心理功能与物理功能的统一。

譬如,人在形成神经物质时所吸收的物质总量远多于动物,其更多的吸收和消耗集中转化成为纯功能性的脑能量,而不是体现在形式和结构的构成上,这个过程便是"压抑"和"升华"的同一过程的生理学上相关联的事物。人与动物在由刺激引起感官和肌肉的活动机能上差别不大,而在大脑与其他器官系统之间的能量分配上,人与动物明显不一样,人脑在养分供给上享受绝对优先权;这是因为人脑消耗的能量最多,消耗的原因最广,大脑兴奋的流向形式在局部上极少受到僵硬的限制。即使能量普遍受阻,人脑也是最后受阻的,而且受阻程度是最轻微的。

又如,人的大脑皮层保存并浓缩了有机体全部生活史和有机体的史前史。由于脑兴奋的任何特殊过程都改变着整个兴奋在生理上的结构记忆,所以"同一个"经历在生理上绝不可能重复发生,即只有发生在过去的整个经验链而不是时间上超前发生的单一过程,才能解释下一个心理事件。大脑皮层的兴奋从不停止,在睡眠中也不停息,结构元素每时每刻都被重新创造着。有鉴于此,强大的"过量现象"即便没有外部刺激也在不断流动,尽管这一现象在生理学上也不存在,当清醒意识及其监督作用被拆除后(弗洛伊德[①]),即

---

① 这是舍勒对弗洛伊德关于无意识理论的相关表述的借用。

在无意识状态下过量现象就会立刻出现。此外,过量现象完全可以看作是原始的,被感官觉察后,只是更加受到限制,却没有被提出来。心理流①就像生理学的兴奋链一样,持续地顺着睡眠—清醒状态的节奏流淌。

脑的存亡决定着有机体的存亡,脑是"死亡器官",在人体内似乎比在动物体内尤其是这样。同样地,脑的存亡也决定着人所有生命过程。通过一系列的研究得知,人工切除了脑的狗或马还能进行大量工作,而人在同等状态下则无法完成这些工作。

舍勒再次指出,构成任何本体矛盾的,并非人身上的灵与肉,或身与心,或脑与灵魂。那么,什么才是本体矛盾呢?且听舍勒接着说。

【043】生命与精神的矛盾才是本体矛盾。精神把生命观念化;而只有生命才有能力把精神投入到行动中,并把精神变成现实,无论是从最简单的行为刺激起,还是一直到完成一件我们认为具有精神意蕴的产品上,都是如此。

---

① 美国社会学家罗斯也提出一个"心理流"(psychic currents)概念,与"心理面"相对,指人与人之间一致的动态心理现象。舍勒的"心理流"显然所指不同,是指与生理学的兴奋链相谐调的心理学的兴奋链。

这个矛盾在我们人身上找到了,他作为这样一个矛盾也在主观上被体验过了;这个矛盾具有非常高级和深邃的秩序,这就是生命与精神的矛盾。舍勒提出,生命与精神的矛盾才是本体矛盾。精神把生命观念化;而只有生命才有能力把精神投入到行动中,并把精神变成现实,无论是从最简单的行为刺激起,还是一直到完成一件我们认为具有精神意蕴的产品上,都是如此。

舍勒认为,这个矛盾已经延伸到了一切事物的原因之中,其深度比经过汉·德里施[1]错误地过分夸大了的生命与无机物的矛盾还要大得多。如果我们把心理和生理只看作同一个生命进程的两个方面,而对这同一个生命进程的两种观察方式又与这两个方面相符,那么使用这两种"观察方式"的那个未知数,就必定高于灵与肉的矛盾。这个未知数不是别的,就是那个自己从不变成具体的而使一切都"具象化"的精神。

在时间空间的问题上,如果生命是"非空间性"的存在,就像桑代克[2]所谓的"有机体是一个过程",一切貌似静止的形式在任何一个瞬间都是由这个生命进程载负及赡养的,

---

[1] 汉斯·德里施(Hans Adolf Eduard Driesch,1867—1941):德国实验胚胎学家、活力论者,其哲学思想受康德影响,对心灵学感兴趣。
[2] 爱德华·李·桑代克(Edward Lee Thorndike,1874—1949):美国心理学家,动物心理学的开创者。

生命成为一个"时间性的"存在,那么精神的东西就不仅是超空间的,也是超时间的。精神的意向,在相当程度上斩断了生命的时间过程。

精神的行为在多大程度上要求行动,也就只是在这个程度上依赖于时间的生命过程,可以说就是精神被安放进了这个过程中。然而,"生命"与"精神"的差异尽管如此巨大,按照舍勒反复声明的思想,"精神把生命观念化"和"生命让精神现实化"这两个原则在人身上却是互为依托的。

舍勒说,关于精神与生命的关系的相关论述,收到了来自各方面的、一大堆的误解和蔑视。其中,最先加入批判者阵营的,是那些"自然主义的"诸理论。这些自然主义的理论又可以分为两个基本类型:一个是片面讨论人的行为的形式—机械论观点,另一个是片面的活力论观点。在本章剩余篇幅中,舍勒对上述两个观点进行了集中的反批判。

(一)"自然主义"观点及其形式—机械论类型批判

【044】自然主义的形式—机械论忽视生命范畴的特性,并因此误解精神,其观点形式有二:一是发端于古希腊罗马的学说,一是英国感觉论学说。

围绕精神与生命的关系所形成的"形式—机械论",都具有忽视生命、误解精神的问题。在西方,形式—机械论观点有两条线索。一条发端于古希腊罗马,出自德谟克利特①、伊壁鸠鲁②、卢克莱修·卡鲁斯③、拉美特利等。拉美特利的《人是机器》可谓最完备表述。该书探讨用有机体内支配一切的物理—化学法则的伴随现象来解释心理现象,而不把心理现象与精神因素区分开。另一条感觉论线索,包括休谟④、马赫⑤等。休谟在《人性伦》最完善地阐明了感觉论的观点,马赫则把自我表述为一个枢纽,感觉论所说的世界元素以极大的密度交汇在这里。

舍勒认为,两种类型的机械理论的失误,都在于忽视了

---

① 德谟克利特(Democritus,约前460—前370):古希腊伟大的唯物主义哲学家,原子唯物论学说的创始人之一,率先提出原子论(万物由原子构成)。德谟克利特一生勤奋钻研学问,知识渊博,他在哲学、逻辑学、物理、数学、天文、动植物、医学、心理学、伦理学、教育学、修辞学、军事、艺术等方面都有所建树。他认为万物的本原是原子和虚空,原子是不可再分的物质微粒,虚空是原子运动的场所。人们的认识是从事物中流射出来的原子形成的"影像"作用于人们的感官与心灵而产生的。在伦理观上他强调幸福论,主张道德的标准就是快乐和幸福。

② 伊壁鸠鲁(Epicurus,前341—前270):古希腊哲学家、无神论者,伊壁鸠鲁学派的创始人。

③ 提图斯·卢克莱修·卡鲁斯(Titus Lucretius Carus,约前99—约前55):罗马诗人和哲学家,以哲理长诗《物性论》闻名于世。

④ 大卫·休谟(David Hume,1711—1776):苏格兰不可知论哲学家、经济学家、历史学家,被视为苏格兰启蒙运动以及西方哲学历史中最重要的人物之一。

⑤ 恩斯特·马赫(Ernst Mach,1838—1916):奥地利—捷克物理学家、心理学家和哲学家。马赫数和马赫带效应因其得名。

藏在生命的特性和生命自身固有的法规中的生命的本质。二者区别仅仅在于,古希腊罗马"人论"那边,感觉过程应当理解为产生于按照物理学中的力学原则运转的过程;感觉论那边,无机的自然科学的基本概念,是从包括一切物质的和因果的概念、被视为最终事件的感觉数据和观念联想的法则中推导出来的。

(二)"自然主义"观点的活力论的三种亚类型批判

【045】自然主义的活力论则相反,把生命的范畴作为全面理解人及精神的元范畴,过高地估价了生命原则的能力限度。活力论认为,人的精神最终应当可以从人的本能的生命及其后来的"发展产品"来彻底理解。

活力论①是自然主义理论的第二个变种,把"生命"的范畴作为全面理解人及精神的元范畴——活力论观点过高地估价了生命原则的能力限度,人的精神最终应当可以从人

---

① 活力论是一种关于生命本质的唯心主义学说,又名生机论或生命力论。认为生物体与非生物体的区别就在于生物体内有一种特殊的生命"活力",它控制和规定着生物的全部生命活动和特性,而不受自然规律的支配。主张有某种特殊的非物质的因素支配生物体的活动。活力论渊源于亚里士多德,他认为事物是形式和质料的统一,形式构成事物的本质,在事物的形成中起决定作用。而生物的形式是灵魂,即"隐德莱希"(entelecheia 的译音),它赋予有机体以行为完善性和合目的性。灵魂的性质决定有机体的机能和结构。植物只有一种司营养

的本能的生命及其后来的"发展产品"来彻底理解。英美实用主义要求的就是这样。皮尔斯①最早进行相关阐述,威廉·詹姆斯、费迪南·K.席勒②和杜威③皆如此,他们从人

和繁殖的灵魂,动物另有一种司感觉的灵魂,人类除了这两种灵魂外,还有一种理性的灵魂。近代活力论的主要倡导者有比利时的 J.B.赫耳蒙特,德国的 G.E.施塔尔(1660—1734)、C.F.沃尔夫(1733—1794)、J.布卢门巴赫(1752—1840)和法国的 M.F.X.比夏(1771—1802)等人。20 世纪初德国胚胎学家和哲学家 H.A.E.杜里舒提出新活力论,把活力论定义为生命过程的自主理论。

① 皮尔斯(Charles Sanders Peirce,1839—1914):美国唯心主义哲学家,实用主义的创始人。著有《如何使我们的概念明晰》等。皮尔斯认为自我的形成是由于意识的产生,而意识又产生于公共的符号结构里,换句话来说,人们因为参与社会生活而产生意识,从而形成自我。皮尔斯认为有三种存在模式:实在的、质的可能性的存在,实际事实的存在,以及那种支配未来事实之法则的存在。

② 席勒(Ferdinand Canning Scott Schiller,1864—1937):英国哲学家,实用主义的代表人物。著有《人本主义》和《人本主义研究》等。席勒以倡导人本主义著称,主张用它论证或代替实用主义,因为这可以突出人的中心地位。他希望知识产生实际的作用,要求逻辑能够阐明人类如何认识以及如何改进认识活动,认为真理必须对一定的目的来说是有用的。

③ 约翰·杜威(John Dewey,1859—1952):美国著名哲学家、教育家、心理学家,实用主义的集大成者,也是机能主义心理学和现代教育学的创始人之一。著作涉及科学、艺术、宗教伦理、政治、教育、社会学、历史学和经济学诸方面,使实用主义成为美国特有的文化现象。杜威的思想曾对 20 世纪前期的中国教育界、思想界产生过重大影响,也曾到访中国,见证了五四运动并与孙中山会面,培养了包括胡适、冯友兰、陶行知、郭秉文、张伯苓、蒋梦麟等一批国学大师和学者。

的劳动形式来推导思维形式和思维规则(homo faber,灵巧的人)。此外,尼采在《强力意志》中把思维形式作为必不可少的性命攸关的功能来理解,认为这些功能产生于生命的力本能[①]。在这点上,汉斯·费英格[②]可谓改头换面、亦步亦趋。舍勒进而又根据持论者的观点,把自然主义—活力主义关于"人"的观念,再细分为三个亚类型:

一是以食物本能系统当作人类本能原始的和领导的本能系统,譬如卡尔·马克思的观点。马克思无与伦比地深入钻研了黑格尔的历史学说,受其影响认为不仅不是人创造历史,而且是历史,并且首先是经济史、"物质的生产关系"的历史把人塑造成不同的形状。根据这种历史观,作为精神创造的艺术、科学、哲学、法律等,除了经济的历史性赋予之外,不可能形成一个内在的自身固有的逻辑和连续性。马克思认为,任何一个明显的历史形式,都从经济形式那里得到一个作为众所周知的"上层建筑"的独特的精神世界作为结果,精神创造的连续性和自身的逻辑性则完全被置于

---

① 这不是指一般的力量,而是非常强大的力量,因强大而具有支配力和统治力。也可以说是一种生命意志,一种使生命得以超越自身的潜在力量,正是这种对于意志的渴望,表现出了生命那种永不停息的本性。
② 汉斯·费英格(Hans Vaihinger, 1852—1933):受叔本华和朗格(Friedrich Albert Lange)影响的德国哲学家,提出"虚构"理论作为其"仿佛"哲学的基础,从而在实用主义方向上发展了康德主义。

这经济形式的流程中①。

舍勒对马克思的历史唯物主义观点的批判显然不是全面的,而是有所取舍的。马克思用历史唯物主义这个名词来表述解释历史事件发生的观点,认为一切重要历史事件的终极原因和动力是社会的经济发展,是生产方式和交换方式的改变,由此产生的社会被划分为不同的阶级,也是这些阶级互相博弈的结果。与阶级相适应的组织形式和诉求是阶级冲突的主要着力点。马克思的历史观点交叉社会学研究与历史研究,从阶级入手分析历史事件产生的原因。舍勒抽取了"经济"要素,却对"阶级"及"阶级冲突"视而不见。当然,福格特②所谓的"人吃什么就是什么"的说法非常粗俗,他的"食物本能"只有庸俗的物质。

二是把人当作一种由力本能和权威本能统治的存在,譬如马基雅维利、托马斯·霍布斯③、"那个集权国家的政治

---

① 原文注释:参见《知识的形式与社会》中"知识社会学"一文我对历史唯物主义的批判。
② 卡尔·福格特(Karl Vogt,1817—1895):德国博物学家,庸俗唯物主义者,自称其哲学是一种"生理学人本主义"。
③ 托马斯·霍布斯(Thomas Hobbes,1588—1679):英国政治家、哲学家。创立了机械唯物主义的完整体系,指出宇宙是所有机械地运动着的广延物体的总和。提出"自然状态"和国家起源说,指出国家是人们为了遵守"自然法"而订立契约所形成的,是一部人造的机器人,反对君权神授,主张君主专制。

家们"①以及弗里德里希·尼采、阿·阿德勒的学说。

三是以繁殖—性本能系统当作人类本能原始的和领导的本能系统,即可能的思想、把那个精神生活理解为升华了的性力的形式,以及性力的象征和轻巧的上层建筑,于是把整个人类文化及其成就看成受压抑并升华了的性力的产品,譬如叔本华、弗洛伊德的理论观点。叔本华把性爱形容为"意志过渡到生命的焦点",但同时受消极人论的影响,并没有完全走向自然主义。而早期的弗洛伊德就不同了,将繁殖—性本能的人论发展到了登峰造极的地步②。

【046】自然主义学说的得与失。

舍勒断然拒绝一切自然主义学说,认为所有这些理论在这一点上都走入迷途了:它们不但想从本能的力中推导出精神及其观念与价值的行动和力量的获得,而且还要用本能的力按照这些观念的内涵的意义状况来解释这些观念,进而从本能的力来推导出精神的法则和精神的内部生长。

活力论类型的自然主义使人们认识到,人体内在真正的意义上富于创造性及强有力的,不是精神及其他高级的意识

---

① 指当时德国奉行集权理论的政治家。
② 原文有注:参见我在我的《同情的本质与形式》(第三版)一文中对弗洛伊德的爱欲论的批判。

形式的东西,而是灵魂内朦胧的下意识的本能力量。同时,此论还告诉人们,单个存在和群体的人的命运构成,首先取决于下意识及其象征的与表象有关联事物的持续性,如朦胧不清的神话不仅不是历史的产物,而是深远地规定着各民族历史的进程,不可谓不是以自证荒谬的形式"立下功勋"。

还有斯宾诺莎,说理性没有能力调节激情,但理性借助升华,理性却把自己变成了一种激情。斯宾诺莎主张情感只会被另一个更强的激情取代或战胜。他指出,主动情感和被动情感有关键的分别,前者是相对可以理解的而后者不是,具有被动情感真实动机的知识可以将其转化为主动情感,因此预见了西格蒙德·弗洛伊德心理分析的一个关键的思想。

借助对斯宾诺莎的批判,舍勒指出,一方面,古典理论的西方唯心主义过分夸大精神,忽略真理;而另一方面,所谓的自然主义者却完全小觑了精神的独特性和自足。

(三)路·克拉格斯[①]的人类学理论批判

路德维希·克拉格斯以生命、精神两个"不可逆的基本

---

① 路·克拉格斯(Ludwig Klages,1872—1956):德国心理学家,哲学家,性格学领域著名人物。曾是德国生机论的倡导者,后建立了性格学研究室。他相信人类区别于动物在于有灵魂,它控制人们的思想并最终由于出现一个不可控制的"自我"而创造出生命的压力。他的研究在于寻求解释并构造表现在不同的自我中的各种性格。著有《性格学原理》等。

范畴"来理解人,为人的本质论的泛浪漫主义的思维方式奠定了基础。这当然是好的,成功将精神从实证/实用主义的"理智和选择能力"解释中解救出来。但是,克拉格斯的引证,常常并非精神,而只是"升华过度"的事件,亦即过度理智化的状态。古希腊的酒神状态自身也是存在于一个复杂的有意识的意志技巧上,是复杂的、技术性的理智,并非原始而素朴的方式。精神与生命本相辅相成,不应将其放入原初对抗状态中。

【047】克拉格斯认为,精神与一切属于生命的东西,与一切表现为简单的、机械的灵魂生命,处在一种原始的对抗状态,而不是处在相互补足的关系中。在这个对抗状态中,精神却似乎成了人类历史的延续中愈来愈深地摧残着生命和灵魂的原则,使得人类历史到头来仿佛是在堕落,是显现在人心中的生命一直在不断延续着的病相。

克拉格斯是首先使用"生命与精神"这两个不可逆的基本范畴来理解人的现代学人,他一反当时之理论潮流,深得舍勒嘉许。首先,克格拉斯在德国从哲学上为人本质论的泛浪漫主义思维方式奠定了基础,在相当程度上影响了达科维、费罗贝尼乌斯①、荣格②、普林茨霍恩③、台·莱辛④,以及奥·施本格勒⑤。克格拉斯的"生命与精神"见解的特点有二:一是精神虽然被认为是本真的,但在实证主义者和实用主义者那里,却被等同于理智和选择能力;二是精神最初并不只是具象的而且还以非现实化为基础,是观念和本质性的外观。

---

① 利奥·维克托·费罗贝尼乌斯(Leo Viktor Frobenius,1873—1938):德国探险家、人种学家,对人种学的研究首次采用文化历史方法。曾任法兰克福市立人种学博物馆馆长。
② 荣格(Carl Gustav Jung,1875—1961):瑞士心理学家、精神病学家,提出情结这个有名的术语。曾与弗洛伊德合作,后自创新派,提倡分析心理学,主张按照态度类型将人分为外倾型与内倾型两类。后来提出集体无意识和原始现象等概念。著有《无意识心理学》《心理类型》《精神分析论》等。
③ 汉斯·普林茨霍恩(Hans Prinzhorn,1886—1933):德国精神病学家和艺术史学家。
④ 台奥多尔·莱辛在《历史作为无意义的意义给定》(第4版第28页)中表达了他的理论的基本思想:"我的这个思想越来越牢固,即精神及其规范的世界只是在人身上生了病的生命不可或缺的代用世界,只不过是拯救一个自身里已成问题的、清醒不多时后又无声无息地沉沦下去的物种的媒介,这个物种就是因科学而变得糊涂的掠夺成性的猴子。"以上为原文注释。台奥多尔·莱辛(Theodor Lessing,1872—1933):德国犹太人哲学家。魏玛共和国时期强力反对兴登堡担任德国总统,1933年为了躲避纳粹而搬迁到捷克斯洛伐克,同年8月在捷克遭纳粹暗杀。
⑤ 奥斯瓦尔德·施本格勒(Oswald Spengler,1880—1936):德国哲学家,因《西方的衰落》而获得声誉。

克拉格斯对此不以为然。舍勒评价说,自己真正的本质及核心都被洗劫一空的精神,在他那里也丧失了价值。按照克拉格斯的说法,精神与一切属于生命的东西,与一切表现为简单的、机械的灵魂生命,处在一种原始的对抗状态,而不是处在相互补足的关系中。在这个对抗状态中,精神却似乎成了人类历史的延续中愈来愈深地摧残着生命和灵魂的原则,使得人类历史到头来仿佛是在堕落,是显现在人心中的生命一直在不断延续着的病相。

舍勒认为,克拉格斯显然无法自圆其说。克拉格斯令人诧异地认为,精神只是在人生成之后,在历史的某一个地方才"冒出来"的,所以在智人[①]历史之前,就已经先有一个巴霍芬[②]眼见到的强大的史前史。克拉格斯的"精神"相对

[①] 智人(学名 Homo sapiens)是人属下的唯一现存物种,形态特征比直立人更为进步,分为早期智人和晚期智人。早期智人过去曾叫古人,生活在距今 25 万—4 万年前,主要特征是脑容量大,在 1300 毫升以上;眉嵴发达,前额较倾斜,枕部突出,鼻部宽扁,颌部前突。一般认为是由直立人进化来的,但也有人认为直立人在后来崛起的智人(现代人)走出非洲后灭绝或在此之前就灭绝了。晚期智人(新人)是解剖结构上的现代人。大约从距今四五万年前开始出现。两者形态上的主要差别在于前部牙齿和面部减小,眉嵴减弱,颅高增大,到现代人则更加明显。晚期智人臂不过膝,体毛退化,有语言和劳动,有社会性和阶级性。

[②] 巴霍芬(Johann Jakob Bachofen,1815—1887):瑞士法学家和人类学家,所著《母权》被认为是现代社会人类学奠基之作,曾任巴塞尔大学罗马法史教授。

于生命而言是"外来"之物,是人生成的"后来"之物;作为"生命的悲剧",精神给予人一个"悲剧"属性。

【048】舍勒重申,精神之为精神,全然不具有任何"威力和强力",没有它可以用来实施"摧毁"的原始的行动能量,不可能在生命与精神之间存在一种能动的和敌对的对峙。克拉格斯所引证的"可悲的现象"不可归咎于"精神",那只能看作是一种"升华过度"。

舍勒坚持"精神之精神全在其孱弱"的立论,并以此批判克拉格斯。舍勒承认克拉格斯的著作中有非常丰富的精细的观察,但他的著作中所引证的历史后期文化中的确可悲的现象,不可归咎于精神,只能被看作是一种"过度升华"事件。这是一种过度理智化的状态,基于此并生发的反动,"有意识的浪漫的逃遁"溜进了一个通常被"误认为"发现于历史中的状态;而过度升华,尤其是"逻辑的"理智行动的过度,在这个状态中还不存在。"逃遁"一词,某种程度上可以理解为"意义消解"。譬如,古希腊的酒神运动,是在以狂欢的形式逃遁悲剧的命运及意义。用科学阐述雅典的宗教信条,如同用雅典的宗教信条看待古希腊,类似用德国浪漫派看待中世纪,都是在"意义的消解"中"逃遁",是一种"有意识的浪漫的逃遁"。舍勒认为,这种"逃遁"历史观只是建立在由自身的过度理智而产生的对"青春和原初"的追求之上，然而却与历史现实绝不相符。

舍勒认为，如此评价克拉格斯当然还有所欠缺。克拉格斯还认为，"生命的悲剧"是精神的岌岌可危的力量产生的结果。在他看来，精神的行动必然干扰活力灵魂自动进行的行动。譬如，心跳、呼吸等基本病兆会受到注意力的干扰，本能冲动受到意志的干扰，等等。舍勒遗憾地认为，克拉格斯所见的只是一个复杂的、技术性的理智，这位曾经对实证主义和"灵巧的人"理论发起最激烈反对的人，在这个关键点上，却不幸沦为他自己曾经激烈反对的那类人。

克拉格斯也没有看到，酒神及人类存在的酒神形式从来就不是以"原始"和"素朴"的方式存在的。酒神形式的实质，不过是受精神引导的本能的"释放"与唯理的"禁欲主义"。动物则无法使用酒神形式来排除阻碍，因为酒神形式也是一个复杂的"有意识"的意志技巧，即与应当被排除在外的那个"酒神"合作。

舍勒坚持认为，精神与生命是相辅相成的，把它们放到一个原初的敌对或对抗状态中，是对"生命与精神""想得最深，爱得最切"（荷尔德林[①]）的克拉格斯的一个根本错误。

---

① 荷尔德林(Johann Christian Friedrich Hölderlin, 1770—1843)：德国著名抒情诗人，直到 20 世纪初才被重新发现，并因强烈反对现代社会中人的分裂在欧洲建立了声誉。

八、论人的形而上学:"形而上学"与"宗教"

哲学人类学的任务,在于精确地描述人的一切特殊的专有物、成就和产品是如何从在以上篇幅中简短地阐述过的人的存在的根本结构中产生出来的,如语言、良心、工具、武器、正义和非正义的观念、国家、领导、艺术的创造功能、神话、宗教、科学、历史性和社会性。人以其内在必然性把握超世俗的、无限的和绝对的存在最形式化的观念。一个绝对的存在所具有的范围,无论可以体验及认识与否,与存在的自我意识和世界意识一样,在结构上同样属于人的本质。而关于这一事实,人必定是直观的,必然会发现这个事实。所谓第三反射,即世界意识、自我意识和上帝意识,构成一个不可分割的结构统一体——恰如对象的超验与自我意识产生于同一个行为。人与世界终极原因的关系在于,人以其人的资格,就是说既是精神存在又是生命存在的身份,只是"通过自身而存在的存在"的精神和欲求的一个分中心——世界的终极原因在人身上直接理解并实现自身。我们应主动地把我们的"存在中心",为创造作为欲求与精神不断增加的渗透的元原因中生成的"神"。人、人的自我和人的心灵,正是自我实现和自我神化的场所,而人的生成与神的生成从一开始就是互为依存的。

舍勒说,在此尽管无法讨论这些成就,不过我们的视线似乎应该转到结论上来,看看从上述有关人与万物的原因的形而上的关系之中得出什么结论。

> 结论01:人通过世界意识和自我意识,通过他自己的心物自然的对象化把自己从自然整体中提出来,并把自然变成自己的"对象",他的精神和人格的现实存在,在空间和时间里就已经比这个"世界"的存在形式更高级。

人能够表明,就在人通过世界意识和自我意识,通过他自己的心物自然的对象化——精神特有的标记——而成为人的那一刻里,人也以什么样的内在必然性必然把握住一个超世俗的、无限的和绝对的存在最形式化的观念。这是人的自然从低于自己的存在阶段中渐次发展的过程中的最美的果实之一。一旦人把自己从自然整体中提出来,并把自然变成自己的"对象",他随即惊恐地转向自身并问道:"我自己在哪里?我的根据是什么?"

> 结论02:人在惊恐中的反躬自省使自己具备了发现"绝对的无"的可能。上帝作为一个绝对的存在所具有的范围,无论可以体验及认识与否,与存在的自我意识和世界意识一样,在结构上同样属于人的本质。

人不可能再这样说："我是世界的一分子，我处在世界的包围中。"因为他的精神和人格的现实存在，在空间和时间里比这个"世界"的存在形式更高级。当他这一转身时，他仿佛看到了无（Nichts）①。在这一眼中，他似乎发现了"绝对的无"的可能性——这个发现驱使他继续提问："为什么存在着一个世界？'我'到底为什么及怎样存在？"必须理解存在于人的意识之间的那个关联所具有的严格的本质必然，上帝在这同时只是被理解为装饰了定语"神圣"的"通过自身存在的存在"，而这个存在当然可以披上五颜六色、色彩纷呈的外衣。一个绝对的存在所具有的范围，无论可以体验及认识与否，与存在的自我意识和世界意识一样，在结构上同样属于人的本质。

---

① 舍勒在"无"这个词的意义上作了三种区分。首先，"无"表示"无物"（Nichtetwas），在这个意义上，"无"也有别于非实在（Nichtreal）；其次，舍勒提到一种"相对的无"，这仍然是一种确定的无物或非实在，在这种情形中，与某物有关的确定物没有呈现在事物状态中，比如，在这样的陈述中："桌子上没有东西。"桌子上确实有物体存在，但这个命题的前提是，这样的物体只是相对于"无"意义上的相对的可能的存在。第三，"无"作为一种否定的符号。不可知论者通常使用"无"的第一个含义，即意指不是某物和没有什么（在绝对的层面）。在这种情况下，"无"依然在一种经验的情感中被给予，即使他通过判断不予承认，或将"无"视为一种绝对的空。因此，这个不可知论者就变成了一个"关乎绝对者的虚无主义者"。

结论03：宗教和形而上学的起源与人的生成本身是一回事。人意识到了那个威严的存在（世界）和他自己的同一时刻，发现，世界存在着，而不是不存在着；人本身存在着，而不是不存在着。

洪堡①谈到语言时说过，因为人只是靠着语言才存在，因此人不可能"发明"出语言来。那个在自身里独立自足的存在，放射着神圣的威严，巍然超越一切有限的经验内容和人的集中存在本身。洪堡的论断对于这个威严的存在的形式上的存在范围，仍然具有同样严酷的效力。倘若人们把"宗教和形而上学的起源"这几个词，不仅理解为用一规定的假设和信仰思想填满宗教和形而上学的起源这个范围，而且理解为这个范围本身的一个起源，那么这个范围的起源就与人的生成本身变成一回事了。"世界到底存在着，而不是不存在着"，"人本身存在着，而不是反之不存在着"；人必定是直观的，必然会发现这个事实，是可能的而非必然的，而且是在人意识到世界和他自己的同一时刻发现的。由此可以看出，认为"我在"（笛卡儿）或"世界在"（托马斯·阿奎那），先于"有绝对的在"这样普遍的定理，并且想从前

---

① 威廉·冯·洪堡（Wilhelm von Humboldt，1767—1835）：德国语言学家、哲学家、教育改革者，柏林洪堡大学的创始者。对20世纪语言科学贡献巨大，曾预示探索语言—文化关系的人类文化语言学的发展。

一类存在类型通过推断达到绝对的范围,的确完全是一个谬误。

> 结论04:当那个"非也"变成外界具体的现实,精神的现实的存在及其观念的对象在这个"不"当中构筑起来时,人要无限地闯入发现了的"世界"范围去探索,使被发现的"世界"适应他自己和他的已变得有机、稳定的生命,人必然在世界以外、在世界的彼岸确定下自己的中心,并勇猛地超越这个世界。

世界意识、自我意识和上帝意识,构成一个不可分割的结构统一体——恰如对象的超验与自我意识产生于同一个行为,即"第三反射"。人什么时候才确定他的中心呢?——当那个"非也"变成外界具体的现实,精神的现实的存在及其观念的对象在这个"不"当中构筑起来时;当面向世界的行为出现,要无限地闯入发现了的"世界"范围去探索,不停留在任何一个事件上,当这个永不休止的欲望产生之时;当正在变化的人毁弃一切先于他的动物界的方法,即被迫适应外界,或使自己适应外界,反其道而行之,使被发现的"世界"适应他自己和他的已变得有机、稳定的生命;当人使自己脱离自然,以便把自然变成他统治的对象,以及新的艺术原则和符号原则的对象——就在这些行为发生的同一时刻,人必然在世界以外、在世界的彼岸确定下自己的中心。

但是现在他已经无法再把自己理解为世界的一个"肢体"或简单的"部分",他自己已经勇猛地超越了这个世界!

> 结论05:人发现了他的存在核心偏离了世界这个最大的偶然之后,一方面开动他的认识精神去探索绝对并加入其中,生成了各种形而上学;另一方面,出于不可遏制的寻求拯救的渴望,以过量想象为基础和协助,通过礼拜和仪式钻进形象的力量里,在与自然异化和把自然对象化的基本行为中掉进了纯粹的无之中。

人发现世界的偶然性,发现了他的存在核心偏离了世界这个最大的偶然之后,又还可能有一种双重行为。一方面,他会对此感到惊诧,并开动他的认识精神去探索绝对,使自己加入进绝对之中——这便是任何种类的形而上学的起源。形而上学在历史上的出现很晚,而且只限于很少几个民族。然而,另一方面,人也可能出于不可遏制的寻求拯救的渴望,不单是拯救自己的单个存在,而首先是拯救整个同类,以存在于他身上的、从产生起便与动物相反的过量想象为基础,并在这个可怕的过量想象的协助下,用他喜爱的形象遍布存在的范围,目的是通过礼拜和仪式钻进形象的力量里,以便求得一点"保护和帮助"来"撑腰"。因为他在与自然异化和把自然对象化的基本行为中——也在他的自我存在和自我意识与这个行为的同步变化里——自己似乎掉进了纯粹的无之中。

结论06：满足人不可遏制的寻求拯救的渴望的，最先是神话，然后是从神话中脱胎而来的宗教提供的思想和观念构造，最后才是那些以真为目的的认识或对这种类型的形而上学的尝试。

以这种求救、求援的形式来克服这个虚无主义，就是我们所说的"宗教"。宗教最初是群体的和"全民宗教"，直到很晚的时候，伴随着国家的产生，才成了"创始人宗教"。世界对于我们，最初是作为对生命中我们的实际存在的抵抗而存在的，这种情形早于作为认识的对象；同样确定的是，那些赋予人以力量，以便人在世界上保护自己——这种帮助最先是由神话，后来是由从神话中脱胎而来的宗教提供的——思想和观念构造，论及关于那个新发现的范围时，在历史上必然先于所有那些以真为目的的认识或对这种类型的形而上学的尝试。

结论07：在一神教那里，人无论是上帝的缔约者还是"神的奴隶"或者"忠实的奴仆"，所有人与"上帝"的关系，都是儿童与"父亲"的关系；"圣子"居间调解人与上帝的关系，并凭着神的权威给人们规定信仰的内容和戒律。

我们现在找几个人在自身和一个最高的 Diege 的基石之间营造起来的关于观念①的主要类型，并只限于西方—小亚细亚的一神教阶段。这里，我们可以找到形形色色的观念，如当上帝把某一个民族选为自己的民族后，人与上帝订"约"（古代犹太教）。又如，按着交往的社会结构的不同，人似乎是"神的奴隶"，浑身充满诡诈和低级的求救心理，拜倒在神的面前，企图借助乞求和威吓，或者用魔法使神注意。在更高一些的形式中，人显现为至高无上主宰一切的"主"的"忠实的奴仆"。所有人与"上帝"的关系，都是儿童与"父亲"的关系，这样一个理念达到了一神教范围内可能出现的最高级、最纯粹的人的观念。人与上帝是由本质上相类似的"圣子"来居间调解的。"圣子"在他自己的内在本质中向众人显示上帝，他自己凭着神的权威给人们规定信仰的内容和戒律。

结论08：一神教所有关系的哲学思考是不可接受的。人既是精神存在，又是生命存在，人是"通过自身而存在的存在"的精神和欲求的一个分中心，世界的终极原因在人身上直接理解并实现自身。

---

① Diege：中文译注为"生理学上指毛皮兽四肢内侧上部毛发覆盖率低的部位"。"人在自身和一个最高的 Diege 的基石之间营造起来的关于观念"可以理解为"人在自身与自然异化和把自然对象化的基本行为中营造起来的观念"。

所有这类观念，我们都本着我们对于这个关系的哲学思考加以拒绝。我们不得不这样做，因为我们不承认一神教的前提条件，即"一个精神的、在其精神性里万能的人格的神"。在我们看来，人与世界终极原因的关系在于，人以其人的资格，就是说既是精神存在，又是生命存在的身份，只是"通过自身而存在的存在"的精神和欲求的一个分中心——世界的终极原因在人身上直接理解并实现自身。

> 结论09：人与元存在者在相互的存在中意识到各自的自身。人在尝试为着并实现至高存在的要求，并在这个过程中把那个"神"当作欲求与精神的渗透来一起自我实现和神化。

其实这就是斯宾诺莎、黑格尔及其他许多人古老的思想：当人发现自己的根据在于元存在者之中的那个动作产生的同时，元存在者也在人身上意识到了自身。我们只须将这个迄今为止被过于偏激地用理智主义来对待的思想稍加改造。为着至高的存在的理想的要求，以及尝试实现至高存在的要求，并在这个实现的过程中把那个从元原因中生成的"神"当作欲求与精神不断增加的渗透来一起创造，我们应主动地把我们的存在中心为着这个目标而投入使用。现在，我们必须使"知道自己存在的根据"成为上述行动的结果。

结论10：人的生成与神的生成从一开始就是互为依存的。人、人的自我和人的心灵是神的生成的唯一场所，而且只有在人及人的自身中欲求与精神才相互产生联系。

人、人的自我和人的心灵，就是这个自我实现和自我神化的场所——自足的存在追求着自我实现和神化，并由于后者变化的缘故而不得不把世界作为一个"历史"来忍受。人、人的自我和人的心灵是我们所能知道的神的生成的唯一场所——但也是这个超验过程的一个真实部分。因为，虽然一切事物在持续创造的意义上，每一分每一秒都从通过自身而存在的存在中产生出来，而且还是产生于欲求与精神相互默契的功能的统一体，但是只有在人及人的自身中，Ens per se（存在本身）的这两个——我们所能认识的——定语才活生生地相互产生联系。人就是这两个定语的会合点。在人身上，世界的"蓝本"逻各斯成了可共同进行的动作。在我们看来，人的生成与神的生成从一开始就是互为依存的。

结论11：人几乎不可能得救，因为既要不沦为精神和欲求的附庸，又不停止实现至高存在的要求。但也正因为此，精神和欲求成长壮大了且永无止境。

人几乎不可能达到自己的规定,同时又不沦为至高存在的两个定语中的任何一个的肢体,以及这个存在不知道自己的居处。与此类似,"Ens a se"(自在的存在)也不可能没有人的共同参与。精神和欲求,这两个存在的定语,如果不考虑它们变化中的相互渗透——作为目标——即使在自身之中,也没有完结:正是在人类精神于历史中的显现里,在世界生命的进化中,精神和欲求成长壮大了。

结论12:形而上学的前提是一个坚强而乐观的人,人是在自身发展过程和不断增长的自我认识当中得到了"神性"。

舍勒说:"有人会对我说,事实上已经有人对我说过,要人们忍受一个未完成的、变化着的上帝,是不可能的!对此我的回答是,形而上学不是为弱者、需要扶持的人开设的保险公司。形而上学是以人心中有力量的、意气风发的意念为前提的。"因此很容易理解,人是在他的发展过程和他的不断增长着的自我认识当中,才意识到他原来也是一起在奋斗着的,他也一同得到了"神性"。这里包含了舍勒一贯坚持的"观念是草图"的思想,即人的观念是在人身上发挥作用时,才会一起出现。

结论13：人渴望逃往善与智慧无限的威力之中以寻求解救和帮助，为了摧毁感觉和意识的拦阻，人选择在沉思、礼拜、忏悔、祈祷中疏远与神性的稚气又软弱的关系。

但是，人们要求逃往人以外、世界以外的一个无限的威力之中，以寻求解救和帮助，这个无限威力被等同于善与智慧；逃向无限威力的需要太大，以致在不成熟的时代里不可能摧毁感觉和意识的一切堤坝。人与神性的关系正在疏远，存在于沉思、礼拜、忏悔、祈祷等方面正在客观化，因此亦在回避的各种关系之中，而我们则为着神性，为着神性在任何意义上与其精神的行动方向的自我认同，把我们个人的全副身心都投入进去——用这个强有力的行动来取代人对于神性的半是稚气、半是软弱的关系。

结论14：只有通过投入和积极的认同的行动，人才能分享生命及精神的现实性，也才有可能"得知"通过自身而存在的存在。除此以外，绝对的存在也是无能为力的。

通过自身而存在的存在最后的"现实"存在，没有能力使自己变成对象——一如一个陌生人的现实存在也极少能这样做一样。只有通过参与，只有通过投入和积极的认同的行动,人才能分享生命及精神的现实性。论到给人撑腰,或只不过给人补足人的弱点和需要,即这些一再想要把事物变成对象的东西,绝对的存在是无能为力的。对于我们,也许还是有一个"支撑"存在——这就是迄今为止的世界历史的价值实现的全部作品,只要这个作品促进了"神性"向"神"的演变。人们最终切勿去寻找先于自我投入的理论可靠性。只是在人本身的投入之中,才有可能"得知"通过自身而存在的存在。

马克斯·舍勒简易年谱

1874 年　　8 月 22 日,生于德国慕尼黑,父亲为路德宗牧师,母亲为正统犹太教徒。

1892 年　　3 月至次年 10 月,中断了文科中学的学业,到一个私人研究院学习,在此期间大量阅读了尼采的著作。

1894 年　　中学毕业后开始了大学生活,在慕尼黑学习哲学和心理学。

1895 年　　到柏林学医,但只在狄尔泰和西美尔那里听哲学和社会学的课。

1896 年　　到耶拿大学追随奥伊肯(R. Eucken)修习哲学。至 1899 年,在奥伊肯的指导下,先后在耶拿大学分别以《论逻辑学原理与伦理学原理之间关系的确定》《超越论的和心理学的方法》两篇论文获得博士学位和任教资格。

1898 年　　前往马克斯·韦伯(M. Weber)执教的海德堡大学游学一年,并在韦伯的影响下,写作了《劳动与伦理学》一文。

1899年	在慕尼黑受洗礼加入天主教,1921年以后越来越疏离天主教。
1899年	10月,在柏林与比他大七岁的阿玛莉结婚。
1900年	在耶拿大学开始教学生涯,深受耶拿大学流行的新康德主义和尼采、狄尔泰、西美尔、奥伊肯等人的生命哲学影响。
1902年	在哈勒著名康德研究学者瓦伊欣格(H. Vaihinger)家中的一次哲学研讨会上结识胡塞尔,"从这一时刻起,一种精神的联系便得以形成,这个联系以后在胡塞尔与笔者之间始终存在着,并且它给笔者带来了极大的收益"。
1906年	12月,经胡塞尔介绍,前往慕尼黑大学任私人讲师,并担任利普斯(Th. Lipps)的助手。随后参加了现象学"慕尼黑小组",思想日臻成熟。
1908年	结识了日后和他共度一段最艰辛岁月的梅丽特(Märit Furtwängler),梅丽特的爱极大地激发了他的哲学灵感。
1910年	因与阿玛莉的婚姻问题而丢掉了教职。
1910年	以私人身份前往哥廷根大学演讲,认识了许多现象学"哥廷根小组"的早期成员。成为一个有强烈吸引力的演说家,甚至引发施泰因后来皈依天主教。至1918年,一直作为一个私人学者、讲演者和自由撰稿人活跃在德国的思想

舞台。这是舍勒一生最困顿潦倒的时期,也是最为多产的时期。

1911年　发表首篇以现象学为基础的文章《论自身欺罔》,后改名为《自身认识的偶像》。

1912年　与梅丽特结婚。

1913年　成为胡塞尔主编的《哲学与现象学研究年鉴》编委,并在《年鉴》第一、二卷上发表代表作《伦理学中的形式主义与质料的价值伦理学》。

1913年　出版《论现象学与同情感理论以及论爱与恨》,1923年第二版时大幅扩充并更名为《同情的本质与形式》。一时间他声名鹊起,跻身德国一流思想家之列。

1914年　第一次世界大战爆发后,发表大量为战争辩护的作品,如《战争天才与德意志战争》《战争与建设》《德意志仇恨的源起》等,并自视为《伦理学中的形式主义与质料的价值伦理学》中"所阐释的一般伦理学原理在一系列个别问题和时代问题上的具体运用"。这些作品当时影响极大,德国外交部甚至因此而请他到国外从事宣传工作。

1918年　被聘为科隆社会科学研究所所长、科隆大学哲学和社会学教授。

1919年　在一次偶然的聚会上,遇到了玛丽亚·舒(Ma-

	ria Scheu)。她成为他的助手,他也爱上了她。自感到生活解体了,经历了第一次心脏病发作。
1921年	出版宗教哲学方面的主要著作《论人之中的永恒》,但很快立场发生了根本性的转变。
1923年	与梅丽特离婚。
1924年	与玛丽亚举行了世俗婚礼。天主教会认为他触犯了教会的婚姻法,是一位不称职的伦理学教授。他因而与教会日渐疏远并最终脱离教会。
1924年	发表《知识社会学问题》。
1926年	出版《知识的形式与社会》。
1927年	4月,关于"人的独特地位"的讲演(讲稿修改后以"人在宇宙中的地位"为题于1928年出版),奠定了其现代哲学人类学的基础。
1927年	发表《观念论—实在论》(第二、三部分),展示了有关认识论和形而上学研究方面的努力。
1928年	受聘为法兰克福大学哲学讲座教授,但因心脏病突发于当年5月19日逝世,享年五十四岁。计划中的哲学人类学和形而上学方面的著作均未及完成。玛丽亚自20世纪30年代开始,毕生致力于编辑整理其遗稿,并自1954年起编辑出版《舍勒全集》。1969年玛丽亚逝世以后由舍勒研究专家弗林斯接编,至1997年《舍勒全集》十五卷全部出齐。

参考文献

[1] 曼弗雷德·S.弗林斯.舍勒的心灵[M].张志平、张任之.上海:上海三联书店,2006.

[2] 曼弗雷德·S.弗林斯.舍勒思想评述[M].王芃.北京:华夏出版社,2003.

[3] 阿弗德·休慈.马克斯·舍勒三论[M].江日新.台北:东大图书公司,1990.

[4] 江日新.马克斯·谢勒[M].台北:东大图书公司,1990.

[5] 张任之.情感的语法:舍勒思想引论[M].北京:中国社会科学出版社,2019.

[6] 任泽.舍勒人学视野下的主体间性[M].北京:北京理工大学出版社,2017.

[7] 李革新.走向精神与生命的融合:舍勒的人格现象学研究[M].上海:同济大学出版社,2011.

[8] 张任之.心性与体知——从现象学到儒家[M].北京:商务印书馆,2019.

[9] 倪梁康.胡塞尔与舍勒——人格现象学的两种可能性[M].北京:商务印书馆,2018.

[10] 倪梁康.现象学及其效应[M].北京:三联书店,1994.

[11] 倪梁康.自识与反思[M].北京:商务印书馆,2002.

[12] 王艳.人心之序——舍勒价值论探究[D].复旦大学,2007.

[13] 舍勒.爱的秩序[M].林克.香港:三联书店,1993.

[14] 舍勒.价值的颠覆[M].罗悌伦等.香港:牛津大学出版社,1996.

[15] 舍勒.资本主义的未来[M].罗悌伦等.香港:牛津大学出版社,1996.

[16] 舍勒.人在宇宙中的地位[M].李伯杰.贵阳:贵州人民出版社,1989.

[17] 舍勒.死、永生、上帝[M].孙周兴.香港:汉语基督教文化研究所,1996.

[18] 舍勒.人在宇宙中的地位[M].陈泽环、沈国庆.上海:上海文化出版社,1989.

[19] 舍勒.知识的社会问题[M].艾彦.北京:华夏出版社,2000.

[20] 舍勒.哲学与世界观[M].曹卫东.上海:上海人民出版社,2003.

[21] 舍勒.伦理学中的形式主义与质料的价值伦理学[M].倪梁康.北京:商务印书馆,2011.

[22] 舍勒.情感现象学[M].陈仁华.台北:远流出版公司,1991.

[23] 舍勒.谢勒论文集:位格与自我的价值[M].陈仁华.台北:远流出版公司,1991.

[24] 舍勒.哲学人类学视野中的"人"——舍勒《人在宇宙中的地位》精粹[M].王维达.武汉:湖北人民出版社,1989.

[25] 舍勒.舍勒选集[M].刘小枫.上海:上海三联书店,1999.

[26] 舍勒.舍勒作品系列[M].刘小枫.北京:北京师范大学出版社,2014.

[27] 康德.纯粹理性批判[M].蓝公武.北京:商务印书馆,2002.

[28] 胡塞尔.逻辑研究[M].倪梁康.上海:上海译文出版社,2006.

[29] 胡塞尔.纯粹现象学通论[M].李幼蒸.北京:中国人民大学出版社,2004.

[30] 胡塞尔.笛卡尔式的沉思[M].张廷国.北京:中国城市出版社,2002.

[31] 梅洛-庞蒂.知觉现象学[M].姜志辉.北京:商务印书馆,2001.

[32] 施太格缪勒.当代哲学主流[M].王炳文等.北京:商务印书馆,1986.

舍勒研究中文期刊论文
(1990—2021)

1—1. 倪梁康.胡塞尔与舍勒:精神人格的结构分析与发生分析及其奠基关系问题[J].现代哲学.2017(1).

1—2. 倪梁康.胡塞尔与舍勒:交互人格经验的直接性与间接性问题[J].中山大学学报(社会科学版).2017(3)

1—3. 倪梁康."伦常明察":舍勒现象学伦理学的方法支持[J].哲学研究.2005(1)

2—1. 张任之.舍勒思想发展中的谜——兼评斯佩德《舍勒的伦理学人格主义》[J].淮北师范大学学报(哲学社会科学版).2006(6).

2—2. 张任之.形式先天,或质料先天——论舍勒对康德"先天"概念的批评[J].现代哲学.2008(1).

2—3. M.S.弗林斯;张任之;邱鹤飞.舍勒与康德,殊途同归:道德的善[J].现代哲学.2009(4).

2—4. 张任之.自身欺罔与价值欺罔——舍勒现象学论域中的"欺罔"问题[J].江苏行政学院学报.2011(4).

2—5. 张任之.自身感受与人格生成——舍勒人格伦理学

中的"志向改变"问题[J].广西大学学报(哲学社会科学版).2014(6).

2—6. 张任之.论舍勒现象学的本质直观方法[J].人文杂志.2014(3).

2—7. 张任之.舍勒与卡西尔对"人是什么?"的回答[J].同济大学学报(社会科学版).2016(5).

3—1. 张廷国;阮朝辉.人是精神趋向的X——马克斯·舍勒的人的本质的现象学述评[J].湖北社会科学.2010(9).

3—2. 阮朝辉.近五年国内马克斯·舍勒研究综述[J].贵阳学院学报(社会科学版).2010(3).

3—3. 阮朝辉.马克斯·舍勒的知识观及其生成基础解析[J].贵州文史丛刊.2011(1).

3—4. 阮朝辉.现象学直观的教育价值及其评价——基于马克斯·舍勒的价值论、教育观的分析[J].教育学报.2011(5).

3—5. 阮朝辉.德国成人继续教育学院筹建之初的另类理论——述评马克斯·舍勒的业余大学创建理论[J].成人教育.2012(1).

3—6. 阮朝辉.王阳明与舍勒教育思想之比较探析[J].贵阳学院学报(社会科学版).2015(2).

4—1. 杨春时;王欢欢.马克斯·舍勒的主体间性思想研究[J].云南师范大学学报(哲学社会科学版).2014(5).

4—2. 王欢欢.直面死亡:舍勒和海德格尔的不同选择[J].

重庆工商大学学报(社会科学版).2015(6).

4—3. 王欢欢.舍勒情感现象学的他者观[J].湖北经济学院学报.2015(2).

4—4. 王欢欢.西方先天范式的演进:从康德、舍勒到杜夫海纳[J].北京社会科学.2015(12).

4—5. 王欢欢.论舍勒对自由主义的批判[J].学习与探索.2021(11).

4—6. 王欢欢.伦理学的扭转:从理性主义走向情感主义——对舍勒早期哲学思想的考察[J].东南学术.2021(6).

5—1. 李革新.论舍勒的本质直观现象学[J].同济大学学报(社会科学版).2007(5).

5—2. 李革新.舍勒的受苦论与佛教的受苦论的异同[J].现代哲学.2019(1).

5—3. 李革新.情深而文明——舍勒爱欲观与佛教爱欲观的比较[J].现代哲学.2021(2).

6—1. 张志平.试论追问哲学本质的困境及其出路——从舍勒与胡塞尔的哲学观谈起[J].太原师范学院学报(社会科学版).1999(2).

6—2. 张志平.舍勒的先验论及其对康德的批判[J].上海师范大学学报(哲学社会科学版).2002(3).

7—1. 李建华.论舍勒价值伦理学的历史地位[J].湖南工业大学学报(社会科学版).2007(1).

7—2. 李建华;胡祎赟.怨恨:价值比较的心理机制——马克斯·舍勒的德性观解读[J].内蒙古师范大学学报(哲学社会科学版).2008(1).

8—1. 高山奎.论舍勒爱的思想及其当代启示[J].许昌学院学报.2007(6).

8—2. 高山奎.论舍勒对价值相对主义的批判及其当代意义[J].佳木斯大学社会科学学报.2007(4).

8—3. 高山奎.价值批判中的怨恨问题研究——从尼采和舍勒的关系上看[J].湖北社会科学.2009(11).

9—1. 冯凡彦.社会组织秩序与人心价值秩序——马克思与舍勒批判资本主义的不同维度[J].山东师范大学学报(人文社会科学版).2008(2).

9—2. 冯凡彦.论舍勒价值情感现象学中的情感理性[J].兰州学刊.2009(3).

9—3. 冯凡彦.马克思与舍勒解答现实问题的理路比较研究[J].山西高等学校社会科学学报.2015(8).

10—1. 王翠华.怨恨论——从尼采到舍勒[J].广州大学学报(社会科学版).2010(6).

10—2. 王翠华.怨恨与现代性[J].唯实.2010(5).

11—1. 张新标;周雪.网络表达中的怨恨——基于舍勒现象学的分析[J].临沂大学学报.2011(3).

11—2. 张新标.网络怨恨的价值位移——基于舍勒现象学的分析[J].成都理工大学学报(社会科学版).2012(1).

12—1. 郁欣.利普斯、舍勒和施泰因论同感和同一感[J].中山大学学报(社会科学版).2014(3).

12—2. 欧根·凯利;郁欣.伦理的人格主义和人格的统一[J].广西大学学报(哲学社会科学版).2017(4).

13—1. 苑国华.舍勒的"谐调时代"论析——以知识社会学为视角[J].太原师范学院学报(社会科学版).2018(2).

13—2. 苑国华.马克斯·舍勒的"谐调时代"思想探析——基于知识社会学视角[J].中共郑州市委党校学报.2018(1).

14—1. 韦永琼.舍勒如何发现了尼采的现象学方法摭探[J].荆楚学刊.2017(2).

14—2. 韦永琼.怨恨与爱的道德教化论之争——基于舍勒的尼采现象学之旅的探险[J].荆楚学刊.2018(1).

15—1. 黄晶.舍勒情感现象分析中隐含的"工夫论"诉求[J].甘肃社会科学.2015(4).

15—2. 黄晶.感受促发的行动有可能是道德行动吗?——基于马克斯·舍勒对感受的现象学分析[J].郑州轻工业学院学报(社会科学版).2018(2).

16—1. 汤波兰;戴茂堂.为情感正名——论舍勒对西方伦理学传统的超越[J].伦理学研究.2018(5).

16—2. 汤波兰.在自我与他人之间——论舍勒与萨特对羞感何以发生的还原[J].湖北大学学报(哲学社会科学版).2020(5).

16—3. 汤波兰.身体之羞的伦理意涵——舍勒、梅洛-庞蒂与施密茨的羞感思想及其比较[J].甘肃理论学刊.2020(5).

17—1. 金娜.舍勒和弗兰克基督教人学理论比较[J].西伯利亚研究.2011(2).

17—2. 金娜.舍勒的价值排序与精神价值取向[J].北方论丛.2012(2).

0—1. 范民.论舍勒关于现代价值位移的思想及其意义[J].西安电子科技大学学报(社会科学版).2000(4).

0—2. 王大明.试评舍勒的《资本主义的未来》[J].西华师范大学学报(哲学社会科学版).2001(4).

0—3. 詹世友.韦伯与舍勒之争:经济时代的伦理精神之源[J].南昌大学学报(人文社会科学版).2002(1).

0—4. 邹伟忠.从哲学的自律本性看舍勒哲学的基本立场[J].深圳大学学报(人文社会科学版).2003(6).

0—5. 陈挺.舍勒现象学认识论和价值伦理学中的人学思想研究[J].辽宁教育行政学院学报.2005(11).

0—6. 王飞.舍勒的技术价值论[J].科学技术与辩证法.2005(3).

0—7. 白蔚.三位"马克斯"对资本主义精神的解读[J].社会科学辑刊.2006(3).

0—8. 曹文彪.人、内驱力、抵制与知识的等级——舍勒知识社会学的理论建构及其他[J].中共浙江省委党校学报.2006(5).

0—9. 罗伯中.和谐社会需要和谐的伦理原则——论密尔和舍勒伦理思想对我国建设和谐社会的启示[J].求索.2006(5).

0—10. 李鸿嘉.舍勒的质料价值伦理学[J].黑龙江教育学院学报.2007(1).

0—11. 李俊.从我思到精神的升华——试比较笛卡尔与舍勒的精神观[J].淮阴师范学院学报(哲学社会科学版).2007(2).

0—12. 欧阳彬.从托克维尔到舍勒:上帝问题的社会学论证及其现代性意识[J].绥化学院学报.2007(2).

0—13. 黄玉顺.论仁与爱——儒学与情感现象学比较研究[J].东岳论丛.2007(6).

0—14. 英冠球.从舍勒伦理学的观点看哲学人类学的地位[J].现代哲学.2008(1).

0—15. 李虹.舍勒对羞感的现象学分析及其启示[J].合肥学院学报(社会科学版).2008(5).

0—16. 胡赟;林识音.怨恨滋生与德性平等——马克斯·舍勒的德性观[J].湖南大学学报(社会科学版).2008(3).

0—17. 陈芷烨.舍勒的佛教现象学诠释及其限度[J].湘潭大学学报(哲学社会科学版).2008(3).

0—18. 胡杏.马克斯·舍勒与价值现象学[J].消费导刊.2009(4).

0—19. 仲凯.舍勒论神圣位格实在设定的可能性[J].丝绸之路.2009(18).

0—20. 李骅.论西方怨恨伦理的形成[J].中国矿业大学学报(社会科学版).2010(2).

0—21. 娄雨.伦常明察与道德教育的奠基——舍勒价值现象学对道德教育的启示[J].首都师范大学学报(社会科学版).2010(4).

0—22. 关斯玥.基于怨恨理论的现代社会反思——舍勒怨恨理论浅析[J].学术交流.2010(11).

0—23. 安东尼·施泰因博克;韦海波.人格的被给予与文化诸先天[J].哲学分析.2010(4).

0—24. 尤金·凯利;亓学太.舍勒的质料价值伦理与文化范式现象学[J].人文杂志.2010(2).

0—25. 朱晓宏.重新理解师生关系——基于舍勒的情感现象学视域[J].首都师范大学学报(社会科学版).2010(3).

0—26. 王克金.价值及其秩序对法律、权利、义务的逻辑先在性和奠基地位——以舍勒对价值和"应然"、"正当"之先天关系的分析为出发点[J].云南大学学报(社会科学版).2012(6).

0—27. 张少博;翟志宏.爱的秩序——云格尔对舍勒的批判[J].陕西教育(高教).2012(1).

0—28. 方立峰;朱莹.对现代性价值的辩证省思——舍勒对于现代性心性的思考[J].河北学刊.2012(2).

0—29. 余其彦.论舍勒对叔本华同情伦理学的批判[J].理论月刊.2012(7).

0—30. 张苗.基于舍勒情感现象学的视角论教师同情心问题[J].重庆第二师范学院学报.2012(5).

0—31. 胡祎赟.羞感:道德生成的情感机制——马克斯·舍勒羞感理论解读[J].理论与现代化.2013(5).

0—32. 卢文忠.马克斯·舍勒现象学价值论的本体论阐释[J].佳木斯大学社会科学学报.2013(2).

0—33. 孙红永.现代西方怨恨理论及其现实价值[J].重庆文理学院学报(社会科学版).2013(4).

0—34. 王碧梅;常亚慧.作为意识契约的课程知识——基于舍勒知识互动论的视角[J].江苏教育学院学报(社会科学版).2013(4).

0—35. 韩先虎.论舍勒对康德认识论的批判[J].长春工业大学学报(社会科学版).2013(6).

0—36. 潘海军.王国维本真人格论与舍勒精神人格论异同考辨[J].北方论丛.2014(2).

0—37. 张猷.马克斯·舍勒论"幸福与伦常"[J].甘肃社会科学.2014(3).

0—38. 周华芳.舍勒情感现象学视角下的《神童》[J].河南教育学院学报(哲学社会科学版).2014(2).

0—39. 张永芝.舍勒"先天价值秩序"的缺陷及其矫正[J].理论探索.2014(4).

0—40. 冯梓琏.懊悔、偏好与爱——试论舍勒位格主义伦理学的三重基础[J].云南大学学报(社会科学版).2015(5).

0—41. 张欢欢.现代性救赎的可能性:资本主义精神的批判与解构[J].白城师范学院学报.2015(4).

0—42. 杨铮;包庆德.技术欲望中的冲动与救赎——试析马克斯·舍勒内驱力思想的逻辑走向[J].洛阳师范学院学报.2015(9).

0—43. 黄裕生.一种"情感伦理学"是否可能?——论马克斯·舍勒的"情感伦理学"[J].云南大学学报(社会科学版).2015(5).

0—44. 陈欣琦.舍勒和曼海姆异同说——对知识社会学起源的一种探索性比较[J].学术交流.2016(5).

0—45. 恩斯特·沃尔夫冈·奥特;张存华.马克斯·舍勒和恩斯特·卡西尔——作为文化现象学观点的知识形式和符号形式[J].广西大学学报(哲学社会科学版).2016(1).

0—46. 张丽菊;谢延龙.让师爱诗意地栖居在教育教学中——基于舍勒情感现象学的反思[J].基础教育研究.2017(23).

0—47. 谭光辉.情感直观:情感符号现象学研究的起点[J].当代文坛.2017(5).

0—48. 刘钊.论马克思"完整的人":兼论费尔巴哈和舍勒的人学思想[J].南华大学学报(社会科学版).2017(5).

0—49. 舒远招.超越康德伦理学的三条路径——黑格尔、叔本华和舍勒对康德伦理学的批判和超越[J].云南大学学报(社会科学版).2018(4).

0—50. 杨洁高;孙尚诚.宗教时间与哲学时间:从柏拉图宇宙生命论到舍勒现象学神学[J].昭通学院学报.2019(2).

0—51. 吕狂飚.教育现象学的分歧及其澄清——基于舍勒现象学的视角[J].当代教育科学.2019(6).

0—52. 安庞靖.舍勒与康德在"偏好"问题上的分歧[J].宜春学院学报.2020(2).

0—53. 卢盈华.马克斯·舍勒与王阳明思想中先天的价值与感受[J].齐鲁学刊.2021(4).

0—54. 张守连;陈伟功.海德格尔与舍勒关于价值的思想交锋[J].北京师范大学学报(社会科学版).2021(1).

后　记

在较长的一段时间里我多次往来于台海之间,一直关注对岸高校的生命教育进展情况,与诸位推动生命教育的教授交往也颇深。因是之故,我见识过许多淡定生死的人和事,也较能敞开讨论生死,也是主张在高校开展生命教育的。然而我也有些担心其知识的"碎片化"和行为的"做作",认为很有必要师法西方的理论探索和人生体验,譬如舍勒的生死观及其哲学人类学体系建构。2020年12月前后,得知潘知常先生要主编一套"西方生命美学经典名著导读丛书",其中便有舍勒的《人在宇宙中的地位》,我就主动地揭了榜。我确是想借此机会,让非哲学专业的大学生能够更便捷地阅读舍勒,去看看舍勒是如何"能让自己自由地接受死亡,甚至能真诚地自愿走向死亡,为神性的生成而牺牲自身,在充满爱的人生中欣慰地死去"的。

这次写作,与其说是导读,不如说是个人的读书笔记。读书是一件快乐的事情,如同漫步,能会见许多人和事,有兴趣就停下来聊两句,多看几眼。我比较随性地边读、边查、边记,没太讲究系统性和条理性,也没刻意对舍勒思想作"概观"和评价。这个小册子写了整整两年,能读到的舍勒著作也读了两年。或许因为早已共情于舍勒的生死观了,也可能是因应了疫情反复而无了期的背景,我倒是宁愿相信人是须得向死而生的。

是为记。

柏定国
于三四书房
2022 年 12 月 2 日